Übungsaufgaben mit Lösungen zu

Prof. Dr. Andreas Paulsen

Allgemeine Volkswirtschaftslehre

I/II

von

Dr. Wilhelm Wedig

Sammlung Göschen Band 1227/1227a

Walter de Gruyter & Co. · Berlin 1967

vormals G. J. Göschen'sche Verlagshandlung · J. Guttentag, Verlagsbuchhandlung · Georg Reimer · Karl J. Trübner · Veit & Comp.

Vorwort

Mit dieser Schrift soll dem Bedürfnis der Studierenden der Volkswirtschaftslehre Rechnung getragen werden, durch das Lösen analytischer Übungsaufgaben die volkswirtschaftlichen Kenntnisse zu ergänzen und zu vertiefen, indem die Anwendung der wichtigsten Werkzeuge und Instrumente der Wirtschaftstheorie erlernt bzw. überprüft wird.

Die Absicht des Verfassers war es, die Aufgaben so zu gestalten, daß sie dem allgemein anerkannten Lehrstoff der modernen Volkswirtschaftslehre entsprechen. Zugrunde gelegt wurde dabei die in diesem Verlag erschienene „Allgemeine Volkswirtschaftslehre" von Professor Dr. Andreas Paulsen. Mit seinem Einverständnis bezieht sich die Reihenfolge der Übungen, die aus den in der Lehrtätigkeit gewonnenen Erfahrungen zusammengestellt wurden, in der vorliegenden Ausgabe I/II auf Band I (Grundlegung, Wirtschaftskreislauf), 5. Auflage, und Band II (Haushalte, Unternehmungen, Marktformen), 6. Auflage.

Ich bin meinem verehrten Lehrer Professor Dr. Andreas Paulsen für manche wertvolle Anregung dankbar. Die Verantwortung für den Inhalt dieses Bandes liegt jedoch allein bei mir.

Wilhelm Wedig

Inhaltsverzeichnis

Aufgaben

Teil I: Grundlegung, Wirtschaftskreislauf

Aufgabe 1

In der Bundesrepublik Deutschland sind die Bevölkerungszahl (B) und das Volkseinkommen (Y) in den letzten Jahren folgendermaßen gestiegen:

	1960	1961	1962	1963
B (in Mio.)	55,4	56,2	56,9	57,6
Y (in Mrd. DM)	230	252	272	288

a) Berechnen Sie die Wachstumsraten der Bevölkerung und des Volkseinkommens.

b) Bestimmen Sie das Pro-Kopf-Einkommen. Diskutieren Sie kurz das Ergebnis.

Aufgabe 2

In einer Volkswirtschaft sei das Volkseinkommen 300 Mrd. DM, die Netto-Investitionen 36 Mrd. DM und die Bevölkerungszahl 60 Mio.

a) Ermitteln Sie aus der ökonomisch-demographischen Grundgleichung die Höhe des Verbrauchs pro Kopf.

b) Die Arbeitsbevölkerung betrage 25 Mio. Wie groß ist die durchschnittliche Produktivität eines Arbeiters? Vergleichen Sie die Ergebnisse (a) und (b)!

Aufgabe 3

Zeichnen Sie die Kurven der Geborenen und Gestorbenen je 1000 Einwohner (anhand der Tabelle in Band I der ‚Allgemeinen Volkswirtschaftslehre' von A. Paulsen, 5. Auflage, S. 19). Diskutieren Sie die Bevölkerungsbewegung in Deutschland!

Aufgabe 4

Nach dem Bevölkerungsgesetz von Malthus wächst die Bevölkerung (B) einer Volkswirtschaft in Form einer geometrischen Reihe:

$$a, a \cdot b, a \cdot b^2, a \cdot b^3 \ldots$$

d. h. für den Zeitpunkt t gilt:

$$B_t = a \cdot b^t \qquad \text{(a, b sind Parameter)}$$

Die Nahrungsmittelproduktion (N) dagegen steigt in Form einer arithmetischen Reihe:

$$c, c + d, c + 2 \cdot d, c + 3 \cdot d \ldots$$

d. h. für den Zeitpunkt t gilt:

$$N_t = c + d \cdot t \qquad \text{(c, d sind Parameter)}$$

Zeichnen Sie die Kurven B (t) und N (t), wenn die Parameter folgende Werte haben: a = 5, b = 2, c = 20 und d = 2. Wann beginnt das ‚Nahrungsmitteldefizit‘?

Aufgabe 5

Mit dem gleichen Aufwand an Kosten kann sich ein Wirtschaftssubjekt A 60 Einheiten eines Gutes I oder 150 Einheiten eines Gutes II, ein Wirtschaftssubjekt B 20 Einheiten des Gutes I oder 100 Einheiten des Gutes II beschaffen, so daß A dem B in bezug auf die Beschaffung beider Güter absolut überlegen ist.

a) Bestimmen Sie die ‚internen Tauschraten‘ zwischen den beiden Gütern für A und B.

b) Beide Wirtschaftssubjekte mögen sich im Tauschverkehr auf eine Rate 1 : 4 (Gut I : Gut II) einigen. Zeigen Sie, daß bei dieser Tauschrate beide Wirtschaftssubjekte durch einen Tausch Vorteile haben.

c) Würde sich der Tausch auch bei einer Rate 1 : 3 lohnen? Welches Wirtschaftssubjekt wird welche der beiden angenommenen Tauschraten vorziehen?

Aufgabe 6

Wie wird das Volkseinkommen nach der personellen und realen Methode berechnet?

Aufgabe 7

a) Zeichnen Sie eine ‚Lorenz-Kurve', die folgende Einkommensverteilung zum Ausdruck bringen soll: die ärmsten (reichsten) 20 % aller Einkommensempfänger in einer Volkswirtschaft bezogen in einer Periode 5 % (50 %) aller Einkommen, die ärmsten 50 % aller Empfänger erhielten 25 % aller Einkommen.

b) Wieviel Prozent aller Einkommen bekamen die ärmsten (reichsten) 80 % aller Empfänger?

Aufgabe 8

Wie sind in der volkswirtschaftlichen Gesamtrechnung die makroökonomischen Begriffe ‚Konsum' und ‚Sparen' zu definieren?

Aufgabe 9

Prüfen und erläutern Sie kurz, ob folgende Größen im Netto-Sozialprodukt zu Faktorkosten enthalten sind:

a) Transferzahlungen des Staates,
b) Kassenbestände der Haushalte,
c) Umsatzsteuern der Unternehmungen,
d) Gehälter der Staatsbeamten,
e) Subventionen der öffentlichen Hand,
f) Lohnsteuern,
g) Auslandsguthaben,
h) Exporte.

Aufgabe 10

a) Bestimmen Sie die Begriffe ‚Brutto-, Re- und Netto-Investition'.

b) Der Kapitalstock einer Volkswirtschaft betrug im Zeitpunkt t_1 200 Einheiten. Bis zum Zeitpunkt t_2 soll sich der Bestand infolge Abnutzung um 15 % vermindern. Wie hoch waren die Brutto-, Re- und Netto-

Investierungen, wenn der Kapitalbestand im Zeitpunkt t_2 folgende Größe hatte: (1) 230 Einheiten, (2) 200 Einheiten, (3) 190 Einheiten, (4) 170 Einheiten?

c) Können die Brutto-Investitionen negativ werden?

Aufgabe 11

Im ‚tableau economique' unterscheidet François Quesnay (1694—1774) drei Klassen: die produktive (Bauern und Pächter, Bergwerke), besitzende (Grundherren und Adel) und sterile Klasse (Händler und Gewerbetreibende). Die produktive Klasse erstellt in einer Periode Güter im Wert von 5 Mrd. Der Reinertrag (‚produit net') in Höhe von 2 Mrd. wird an die besitzende Klasse abgetreten; ein Betrag von 2 Mrd. verbleibt in der produktiven Klasse für den Eigenbedarf (Nahrung, Kleidung, Viehfutter, Saatgut usw.), während für 1 Mrd. von der sterilen Klasse Gebrauchsgegenstände gekauft werden. Die besitzende Klasse gibt jeweils 1 Mrd. für Nahrungsmittel usw. und für gewerbliche Erzeugnisse aus. Die sterile Klasse erwirbt für 2 Mrd. Güter von der produktiven Klasse.

Stellen Sie die wirtschaftlichen Beziehungen der drei Klassen in einem Kreislaufschema und in Kontenform dar. Handelt es sich in dem Beispiel um eine stationäre oder um eine evolutionäre Wirtschaft?

Aufgabe 12

Kennzeichnen Sie in einer geschlossenen Volkswirtschaft ohne staatliche Aktivität die beiden Sektoren ‚Unternehmungen' und ‚Haushalte' und stellen Sie in einem Kreislaufschema die Geldströme dar, wenn Konsumgüter in Höhe von 160 und Investitionsgüter (netto) in Höhe von 30 produziert und verkauft werden. Erklären Sie die einzelnen Ströme!

Aufgabe 13

Für eine Periode sind in einer Volkswirtschaft folgende makroökonomischen Größen gegeben:

Y = 120 (Einkommen der Haushalte)
C = 80 (Verbrauchsausgaben)
I = 25 (Veränderungen der Bestände in Unternehmen)
X = 30 (Verkäufe an das Ausland)
M = 15 (Käufe vom Ausland)

Ermitteln Sie aus den Einkommensgleichungen die Höhe der Ersparnisse und stellen Sie die Einnahmen- und Ausgabenströme in einem Kreislaufschema, als nationale Buchführung in Kontenform und in Form einer Matrix dar.

Aufgabe 14

In einer offenen Volkswirtschaft mit staatlicher Aktivität haben die makroökonomischen Kreislaufgrößen in einer Periode folgende Werte:

Y = 360 (Einkommen der Haushalte)
C = 210 (Konsumausgaben)
I = 80 (Netto-Investierungen)
X = 70 (Verkäufe an das Ausland)
M = 90 (Käufe vom Ausland)
G = 85 (Ausgaben des Staates für Güter und Dienste)
Z = 60 (Subventionen des Staates)
Tr = 10 (Transferzahlungen des Staates)
T_i = 55 (Indirekte Steuern)
T_d = 65 (Direkte Steuern)

a) Berechnen Sie aus den Einkommensgleichungen den Außenhandelssaldo, den Saldo der staatlichen Ausgaben und Einnahmen und die Höhe der Ersparnisse der Haushalte.

b) Stellen Sie die einzelnen Transaktionen (monetäre Ströme) in einem Kreislaufschema und in Kontenform dar.

Aufgabe 15

a) Bilden Sie eine Input-Output-Tabelle, wenn in den drei Sektoren einer Volkswirtschaft folgende Ausstoßmengen gegeben sind:

$$X_1 = x_{11} + x_{12} + x_{13} = 16 + 36 + 38$$
$$X_2 = x_{21} + x_{22} + x_{23} = 65 + 80 + 65$$
$$X_3 = x_{31} + x_{32} + x_{33} = 60 + 20 + 45$$

Können die Spalten und Zeilen addiert werden?

b) Was verstehen Sie unter einem ‚Input-Koeffizienten'? Bestimmen Sie in dem gegebenen Beispiel folgende Koeffizienten: a_{13} und a_{32}.

c) Stellen Sie die Strukturmatrix für das gegebene Beispiel auf.

d) Bilden Sie eine Input-Output-Tabelle in Wertgrößen, wenn die Preise für die Einheit in den einzelnen Sektoren folgende Größen haben: $p_1 = 5$; $p_2 = 2$; $p_3 = 4$.

Welcher Unterschied besteht zwischen der mengen- und wertmäßigen Tabelle?

Aufgabe 16

a) Was verstehen Sie unter einer mathematischen Funktion? Geben Sie einige Beispiele aus der Wirtschaftstheorie!

b) Erklären Sie die Begriffe ‚implizite' und ‚explizite' Funktion und zeigen Sie den Unterschied der beiden Typen auf.

c) Bestimmen Sie aus der gegebenen impliziten Funktion

$$2y - 4x + 6 = 0$$

die explizite Funktion $y = f(x)$ und die inverse Funktion $y = g(x)$ (mit Zeichnung). Erklären Sie an der Zeichnung die Bedeutung der Umkehrfunktion.

Aufgabe 17

Erklären Sie folgende Begriffe:

a) Statik bzw. komparative Statik bzw. Dynamik.

b) Stationäres bzw. evolutionäres Verhalten.

Aufgabe 18

a) Was versteht man unter einem ‚Gleichgewicht' in der Wirtschaftstheorie?

b) Wann kann von einem Gleichgewicht in ‚statischer‘ bzw. ‚dynamischer‘ Betrachtung gesprochen werden?

c) Definieren Sie die Begriffe ‚stabiles‘ bzw. ‚labiles‘ Gleichgewicht.

d) Wie unterscheiden sich die Begriffe ‚individuelles‘, ‚partielles‘ und ‚totales‘ Gleichgewicht? Geben Sie Beispiele.

Aufgabe 19

Die Nachfragefunktion eines Haushalts nach einem Gut habe die Form:

$$q = a \cdot p + b$$

(q = nachgefragte Menge, p = Preis des Gutes).

Bei einem Preis von $p_1 = 25$ kaufe der Haushalt die Menge $q_1 = 40$. Sinkt der Preis um 20%, so dehnt der Haushalt die Nachfrage um 20% aus.

a) Bestimmen Sie die Werte der Parameter der Nachfragefunktion (a und b).

b) Bei welcher Nachfragemenge und welchem Preis sind die Ausgaben des Haushalts maximal?

Aufgabe 20

Für den Markt eines Gutes sind folgende Ziffernwerte gegeben:

Preis je Einheit des Gutes (p)	Menge von Einheiten	
	nachgefragt (q^D)	angeboten (q^S)
80	12,5	31,0
70	14,3	30,2
60	16,6	29,0
50	20,0	27,5
40	25,0	25,0
30	33,3	21,0
20	50,0	15,5
10	100,0	0

a) Bestimmen Sie in einer Tabelle die Nachfrage- bzw. Angebotsüberschüsse bei den einzelnen Preisen und den ‚Gleichgewichtspreis'.

b) Zeichnen Sie die Nachfrage- und Angebotskurve in ein Koordinatenkreuz ein und ermitteln Sie graphisch den Gleichgewichtspreis bzw. die Gleichgewichtsmenge.

c) Schätzen Sie, durch welche Funktion die Nachfragekurve beschrieben werden kann! Was läßt sich über die Ausgabenkurve sagen?

Aufgabe 21

Die Nachfrage- (q^D) und Angebotsmengen (q^S) auf dem Markt eines Gutes sollen vom Preis dieses Gutes (p) abhängig sein; die Nachfrage- (DD) bzw. Angebotskurve (SS) seien linear:

$$q^D = a + b \cdot p$$
$$q^S = c + d \cdot p$$

a, b, c und d sind Parameter, die die Nachfrage- und Angebotsbedingungen determinieren.

a) Zeichnen Sie die beiden Kurven DD und SS, wenn die Parameter folgende Werte haben:

$$\begin{aligned} a &= 600 \\ b &= -75 \\ c &= -200 \\ d &= 125 \end{aligned}$$

Ermitteln Sie in der Graphik und rechnerisch den Gleichgewichtspreis und die Gleichgewichtsmenge.

b) Wie ändern sich Gleichgewichtspreis und -menge, wenn die Nachfragebedingungen sich verbessern, gemessen durch eine Erhöhung des Parameters a um $\Delta a = 100$? Zeichnen Sie die neue Nachfragekurve D'D' in das Diagramm ein.

c) Bestimmen Sie Gleichgewichtspreis und -menge, wenn die Parameter der Nachfragekurve konstant bleiben, aber die Angebotsbedingungen sich verbessern, indem der Parameter c um $\Delta c = 150$ steigt. Zeichnen Sie die neue Angebotskurve in das Diagramm ein. Welcher Unterschied besteht zum vorigen Fall?

Aufgabe 22

a) Zeigen Sie, wann in einem Angebots-Nachfrage-System ein stabiles bzw. labiles Gleichgewicht vorliegt!

b) Beweisen Sie, daß bei einem stabilen (labilen) Gleichgewicht die Preiselastizität des Angebots größer (kleiner) als die Preiselastizität der Nachfrage ist.

c) Nehmen Sie zu der Behauptung Stellung, daß in den folgenden beiden Modellen die jeweiligen Gleichgewichte labil sind:

1. Modell:

$$q^S = \frac{1}{3}p - \frac{1}{6} \qquad \text{(Angebotsfunktion)}$$

$$q^D = -\frac{1}{2}p + 5 \qquad \text{(Nachfragefunktion)}$$

2. Modell:

$$q^S = \ln p \qquad \text{(Angebotsfunktion)}$$

$$q^D = 2(\ln p - \ln 2) \qquad \text{(Nachfragefunktion)}$$

(ln = natürlicher Logarithmus).

d) Haben die Angebots- und Nachfragefunktionen in den beiden obigen Modellen typische Verläufe? Zeichnen Sie die Kurven.

Aufgabe 23

Wie unterscheiden sich in einer Volkswirtschaft die Preisrelationen und das Preisniveau? Erklären Sie den Unterschied an einem Beispiel!

Wie verändern sich Preisrelationen und Preisniveau, wenn die Preise der Güter in gleicher Proportion steigen?

Aufgabe 24

Geben Sie den Unterschied zwischen ‚logischen' und ‚empirischen' Gesetzen in der Wirtschaftstheorie an! Nennen Sie Beispiele.

Aufgabe 25

Wie unterscheiden Adam Smith und Karl Marx den Gebrauchswert und den Tauschwert eines Gutes? Erklären Sie den Mehrwert.

Teil II: Haushalte, Unternehmungen, Marktformen

Aufgabe 1

Welche Teile umfaßt der Wirtschaftsplan eines Haushalts? Erläutern Sie kurz die einzelnen Positionen!

Aufgabe 2

Die makroökonomische Konsumfunktion laute:

$$C = f(Y)$$

(C = Konsum, Y = Volkseinkommen).

a) Definieren Sie die marginale Konsumquote (verbal und mathematisch).

b) Was bedeutet die Aussage „die marginale Konsumquote ist positiv, kleiner als eins und bei wachsendem Volkseinkommen konstant" für die Konsumfunktion?

Aufgabe 3

Zeichnen Sie in den gleichen Quadranten die beiden Konsumfunktionen

$$C_1 = 30 + 0{,}5 \cdot Y$$

und

$$C_2 = 20 + 0{,}75 \cdot Y$$

ein und bestimmen Sie (graphisch und rechnerisch) die zugehörigen Basiseinkommen.

Aufgabe 4

Gegeben sind folgende Punkte einer linearen Konsumfunktion:

$$P_1\,(C_1 = 100;\; Y_1 = \;\;60)$$

und

$$P_2\,(C_2 = 140;\; Y_2 = 120).$$

a) Bestimmen Sie die Gleichungen der Konsum- und Sparfunktion.

b) Zeichnen Sie die Konsum- und Sparfunktion.

Aufgabe 5

Gegeben sei die Konsumfunktion:

$$C = \frac{3}{4} \cdot Y + 200$$

a) Bestimmen Sie rechnerisch die Elastizität des Konsums in bezug auf Veränderungen des Volkseinkommens für $Y = 200$.

b) Berechnen Sie die Höhe des Basiseinkommens.

Aufgabe 6

Die makroökonomische Konsumfunktion sei:

$$C = 0{,}9 \cdot Y + 100$$

a) Berechnen Sie für verschiedene Einkommenshöhen ($Y = 0$, 50, 100, 200, 300, 400, 500) die durchschnittliche Konsumquote.

b) Stellen Sie graphisch die Veränderung der durchschnittlichen Konsumquote unter Benutzung obiger Einkommensgrößen dar. Was bringt die Kurve zum Ausdruck?

Aufgabe 7

Der Steigungswinkel einer linearen Konsumfunktion ($C = a + b \cdot Y$) sei $\alpha = 31°$, das Basiseinkommen $Y_0 = 80$.

a) Ermitteln Sie die Gleichung der Konsumfunktion.

b) Berechnen Sie die Elastizität des Konsums in bezug auf Einkommensänderungen, wenn der Fahrstrahl aus dem Ursprung an die Konsumkurve mit der positiven Richtung der Y-Achse einen Winkel $\gamma = 42°$ bildet.

Aufgabe 8

Zeichnen Sie die Konsumfunktion

$$C = \frac{2 \cdot Y^2 + 28 \cdot Y}{3 \cdot Y + 4}$$

und den Verlauf der durchschnittlichen und marginalen Konsumquote bei wachsendem Volkseinkommen.

Welche Keynes'sche Annahme wird in der obigen Konsumfunktion ersichtlich?

Aufgabe 9

Bestimmen Sie die Formeln und zeichnen Sie die Kurven der Ausgaben und Grenzausgaben und die Preisabsatzfunktion, wenn die Nachfragefunktion durch

$$q = 6 - \frac{3}{2} \cdot p$$

gegeben ist (q = Menge des Gutes, p = Preis des Gutes).

Aufgabe 10

Was bedeutet die Aussage „die individuelle Nachfragefunktion $q_a = f(p_a)$ gilt ‚ceteris paribus'"?

Aufgabe 11

Welcher analytische Unterschied besteht zwischen den Feststellungen:

a) der Preis war höher und daher die nachgefragte Menge geringer,

b) die Nachfrage stieg und daher war der Preis höher? Erklären Sie den Unterschied an einer Graphik.

Aufgabe 12

Gegeben sei die Funktion

$$Y = \frac{1}{3} \cdot x^3 - 3 \cdot x$$

a) Zeichnen Sie die Kurve der ersten Ableitung dieser Funktion.

b) Ermitteln Sie rechnerisch den Wert der Elastizität von y in bezug auf x für den Fall, daß die unabhängige Variable die Größe 2 hat.

Aufgabe 13

a) Definieren Sie den Begriff ‚iso-elastische Kurve'.

b) Bestimmen Sie eine allgemeine Formel y = f (x) für die iso-elastischen Kurven, in der die Größe der Elastizität als Parameter enthalten ist.

c) Wie lautet die Formel y = f (x) für alle iso-elastischen Kurven, die durch einen beliebigen Punkt P_1 (y_1; x_1) des y, x-Koordinatensystems gehen?

d) Beweisen Sie, daß in einem y, x-Diagramm die Parallele zur Achse der abhängigen (unabhängigen) Variablen völlig elastisch (unelastisch) ist.

e) Prüfen Sie, ob die Funktion $y = \frac{a}{\sqrt[m]{x}}$

(a und m sind Parameter) eine iso-elastische Kurve ist.

Aufgabe 14

a) Wie läßt sich (nach Marshall) an einem Punkt einer linearen typischen Nachfragekurve q = f (p) graphisch bestimmen, ob die Preiselastizität der Nachfrage größer, kleiner oder gleich minus eins ist?

b) Zeigen Sie, wie ein ähnliches Verfahren zur graphischen Ermittlung der Preiselastizität an einem Punkt einer typischen Angebotskurve (die nicht linear verläuft) angewendet werden kann.

Aufgabe 15

Drücken Sie folgende Elastizitäten in Formeln aus:
a) Zinselastizität der Investierungen,
b) Einkommenselastizität des Sparens,
c) Preiselastizität des Angebots,
d) Elastizität des Exports in bezug auf Wechselkursänderungen,
e) Produktionselastizität des Kapitals,
f) Elastizität der Kosten in bezug auf die Ausstoßmenge,
g) Elastizität der Preiserwartungen.

Aufgabe 16

Eine Nachfragefunktion sei durch folgende Gleichung gegeben:

$$q = \frac{5}{p^2}$$

a) Zeichnen Sie die Nachfragekurve und bestimmen Sie die Größe der Preiselastizität der Nachfrage.

b) Stellen Sie in einer Graphik die Ausgabenkurve $A = A\,(q)$ dar.

Handelt es sich bei der Nachfragekurve um eine ‚constant-outlay-curve' im Sinne Marshalls?

Aufgabe 17

Welche Beziehungen bestehen zwischen den Ausgaben und Grenzausgaben eines Haushalts für ein Gut und dem Preis dieses Gutes, wenn eine typische lineare Nachfragekurve $q = f\,(p)$ unterstellt wird? Graphische Darstellung.

Aufgabe 18

Bei einer Nachfragemenge $q = 5$ ist die Ausgabensumme $A = 30$. Wie groß ist die Grenzausgabe bei einer Preiselastizität der Nachfrage in Höhe von $e = -3$?

Aufgabe 19

Die Nachfrage eines Haushalts nach einem Gut (q) sei durch folgende Funktion bestimmt:

$$q = m + n \cdot \sqrt{y}$$

(y = Einkommen des Haushalts; m und n sind Parameter der Funktion).

a) Ermitteln Sie die Einkommenselastizität der Nachfrage, wenn das Einkommen y = 484 beträgt (m = 10, n = 2). Was kann aus dem Ergebnis gefolgert werden?

b) Kennzeichnen Sie das Gut, wenn die Nachfragefunktion lauten würde:

$$q = m + \frac{n}{\sqrt{y}}$$

(m > 0, n > 0).

Aufgabe 20

Der englische Statistiker Gregory King (1648—1712) beobachtete, daß ein schlechter Ausfall der Weizenernte den Weizenpreis relativ stark in die Höhe trieb.

a) Was besagt diese „King'sche Regel" für die Größe der Preiselastizität der Weizenmenge?

b) Bei einer geernteten Weizenmenge von q = 200 betrage der Preis p = 50. Bei 10%iger Verminderung der Ernte steige der Preis um 30%. Wie groß ist die Preiselastizität der Weizenmenge in diesem Beispiel?

Aufgabe 21

Ein Haushalt frage zwei Güter a und b nach, die in verschiedener Form miteinander verbunden sein können. Zeigen Sie unter Benutzung eines Elastizitätsausdruckes die Unterschiede auf und geben Sie Beispiele an!

Aufgabe 22

Gegeben sei die Nachfragefunktion:

$$q_a = 30 - 0{,}75 \cdot p_b$$

(q_a = Menge eines Gutes a; p_b = Preis eines Gutes b).

a) Wie groß ist die Kreuzpreiselastizität, wenn p_b = 10 ist?

b) In welchem Verhältnis stehen die Güter a und b?

Aufgabe 23

a) Was verstehen Sie unter dem Indifferenzkurvensystem eines Haushalts, der zwei Güter a und b nachfragt?

b) Zeigen Sie in graphischen Darstellungen, wie die Form der Indifferenzkurvenschar von der Art der Beziehung zwischen den beiden Gütern a und b abhängt. Folgende Fälle sind zu zeichnen und kurz zu erläutern: (1) Komplementäre Güter, (2) Begrenzt substituierbare Güter, (3) Unbegrenzt substituierbare Güter.

Aufgabe 24

a) Definieren Sie den Begriff ‚Grenzrate der Substitution eines Gutes a durch ein Gut b'.

b) Beweisen Sie, daß bei begrenzter Substituierbarkeit zweier Güter a und b die Indifferenzkurven linksgekrümmt verlaufen, wenn das erste Gossen'sche Gesetz gültig ist.

Aufgabe 25

Eine Indifferenzkurvenschar zweier Güter a und b werde durch folgende Gleichung dargestellt:

$$q_a \cdot q_b = n^2$$

(q_a = Menge des Gutes a; q_b = Menge des Gutes b; n = Parameter der Funktion, der gleichzeitig Nutzenindex ist).

a) Zeichnen Sie die Indifferenzkurven für n = 2, 3, 4, 5.

b) Wie groß ist die Grenzrate der Substitution des Gutes b durch Gut a auf den Indifferenzkurven mit den Nutzenindizes n = 3 und n = 5 bei q_a = 3, 5, 6 und 8? Welche Gesetzmäßigkeit zeigen die einzelnen ermittelten Größen?

Aufgabe 26

a) Welche Bedeutung hat die Bilanzgerade für die Indifferenzkurvenanalyse?

b) Wie wird in der Indifferenzkurvenanalyse das ‚Gleichgewicht‘ des Haushalts graphisch bestimmt? Welche Beziehung gilt im Gleichgewichtspunkt?

c) Wie verläuft die ‚Engel-Kurve‘, wenn eines der beiden Güter ein inferiores Gut ist?

d) Welches Aussehen hat die Indifferenzkurvenschar, wenn für eines der beiden Güter der ‚Snob-Effekt‘ gilt?

Aufgabe 27

Das Indifferenzkurvensystem eines Haushalts sei durch folgende Gleichung gegeben:

$$q_a = \frac{n^2 + 2\,q_b}{q_b}$$

(q_a = Menge des Gutes a; q_b = Menge des Gutes b; n = Parameter für die Höhe des Gesamtnutzens).
Ferner soll gelten:

$p_a = 0{,}64$ (Preis des Gutes a)
$p_b = 1$ (Preis des Gutes b)
$c = 9{,}28$ (Konsumsumme)

a) Wie lautet die Gleichung der Bilanzgeraden in der Form $q_a = f\,(q_b)$?

b) Wie groß ist die Grenzrate der Substitution von Gut a durch Gut b bei $q_b = 8$ und einem Nutzenindex von $n = 4$?

c) Welche Mengen der Güter a und b kauft der Haushalt, wenn er als Ziel eine Maximierung des Gesamtnutzens anstrebt? Nur rechnerische Lösung!

d) Berechnen Sie, ob der Haushalt seine Nachfrage nach den Gütern a und b ändern wird, wenn — bei gleicher Konsumsumme und konstantem Preis p_b — der Preis des Gutes a auf $p_a = 0{,}25$ sinkt. Erläutern Sie kurz das Ergebnis.

Aufgabe 28

Definieren Sie den Begriff ‚Produktion‘.

Aufgabe 29

Wie sind die Begriffe ‚Datum', ‚Aktionsparameter' und ‚Erwartungsparameter' im Wirtschaftsplan einer Unternehmung zu erklären? Geben Sie Beispiele an.

Aufgabe 30

Was verstehen Sie unter den Begriffen:

a) Monetärer Roh- bzw. Reinertrag,
b) Physischer Ertrag,
c) Durchschnittsertrag,
d) Grenzertrag?

Aufgabe 31

Bei einer ständigen Erhöhung einer variablen Produktionsfaktormenge (v) und Konstanz aller anderen Produktionsfaktoren variiere der Ertrag (E) folgendermaßen:

v	E
1	10
2	28
3	54
4	80
5	100
6	108
7	112
8	104
9	90
...	...

a) Ermitteln Sie für jede Faktormenge die zugehörige Größe des Grenz- und Durchschnittsertrags.

b) Stellen Sie in einer Graphik den Verlauf des Ertrags, des Grenzertrags und des Durchschnittsertrags in Abhängigkeit von der variablen Faktormenge dar. Kommt in den Kurven der typische ertragsgesetzliche Verlauf zum Ausdruck?

Aufgabe 32

Die Ertragskurve E = f (v) sei durch folgende Funktion gegeben:

$$E = \frac{1}{2} \cdot v^2 - \frac{1}{30} \cdot v^3$$

a) Bestimmen Sie die Gleichungen für den Durchschnitts- und Grenzertrag.

b) Wann ist das Betriebsoptimum erreicht? Rechnerische Lösung.

c) Zeichnen Sie die Kurven des Ertrags, Grenz- und Durchschnittsertrags für v = 1, 2, 3, . . ., 12 und geben Sie die drei wichtigen Punkte der Ertragskurve an.

Aufgabe 33

Es sei eine linear fallende Durchschnittsertragskurve gegeben, die die Ordinate im Punkt F berührt:

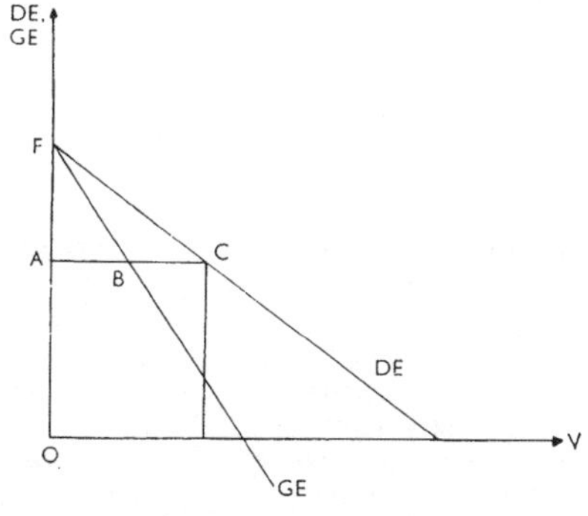

Die Grenzertragskurve kann dann folgendermaßen konstruiert werden: Von einem beliebigen Punkt C auf der Durchschnittsertragskurve wird das Lot auf die Ordinate gefällt (Punkt A). Die Strecke AC wird im Punkt B halbiert. Die Gerade durch die Punkte F und B entspricht dann der Grenzertragskurve. Beweisen Sie diese Aussage!

Aufgabe 34

Wie unterscheiden sich eine ‚Isoquante‘ und eine ‚Isokostenlinie‘?

Aufgabe 35

Zeichnen Sie Isoquanten für zwei limitationale Produktionsfaktoren und erläutern Sie, welche Größe die Grenzproduktivitäten der beiden Produktionsfaktoren in den verschiedenen Punkten der Isoquanten haben.

Aufgabe 36

Stellen Sie den Zusammenhang des rückläufigen Teiles der Isoquanten bei begrenzt substituierbaren Produktionsfaktoren und des Ertragsgesetzes dar.

Aufgabe 37

Sind die Isoquanten zweier voll substituierbarer Produktionsfaktoren linksgekrümmt oder geradlinig zu zeichnen?

Aufgabe 38

Erklären Sie den analytischen Unterschied der Aussagen

„Die kostenmäßig günstigste Faktormengenkombination zur Erstellung einer Produktmenge ist durch den Berührungspunkt von Isoquante und Isokostenlinie gegeben“

und

„Die maximal mit verschiedenen Einsatzmengen zweier Produktionsfaktoren bei gegebenen Faktorpreisen und gegebener Kostensumme zu erstellende Produktmenge ist durch den Berührungspunkt von Isoquante und Isokostenlinie bestimmt“

(graphische Darstellungen).

Aufgabe 39

Eine Isoquantenschar sei durch folgende Gleichung gegeben:

$$15 \cdot v_1 + 10 \cdot v_2 = q$$

(v_1 = Menge des Produktionsfaktors 1; v_2 = Menge des Produktionsfaktors 2; q = Produktmenge).

a) Stellen Sie die Isoquanten für $q = 30, 60, 90$ und 120 in einem v_1, v_2-Diagramm dar ($v_1 \geq 0$, $v_2 \geq 0$). In welchem Verhältnis stehen die Produktionsfaktoren zueinander?

b) Die Preise der Produktionsfaktoren seien

$$r_1 = 5 \quad \text{und} \quad r_2 = 4$$

Der Unternehmer will Kosten in Höhe von $K = 20$ aufwenden. Zeigen Sie in der Graphik, bei welcher Faktormengenkombination der Unternehmer sein ‚Gleichgewicht' erreicht, d. h. bei den vorgegebenen Faktorpreisen und der geplanten Kostensumme die größtmögliche Produktmenge erstellen kann.

c) Wie ändert sich die optimale Faktormengenkombination, wenn bei Konstanz der Kostensumme und des Preises des Produktionsfaktors 1 der Preis des Produktionsfaktors 2 auf $r_2 = \frac{5}{3}$ sinkt?

Aufgabe 40

Erklären Sie an Hand einer Graphik den Begriff ‚Skalalinie' in der Isoquantenanalyse (unter der Annahme, daß zwei Produktionsfaktoren begrenzt substituierbar sind). Kann eine ‚Skalalinie' bei zwei voll substituierbaren Produktionsfaktoren mit konstanter Grenzrate der Substitution konstruiert werden?

Aufgabe 41

Zwei substituierbare Produktionsfaktoren (v_1, v_2), die in konkurrierender Produktion zur Erstellung zweier Güter (q_1, q_2) eingesetzt werden, seien nur in begrenzter Menge vorhanden:

$$v_1 = \bar{v}_1$$
$$v_2 = \bar{v}_2$$

In einem Kastendiagramm, in dem vom Ursprung O (bzw. O') aus die Faktormengen abgetragen werden, die zur Produktion des Gutes 1 (bzw. 2) benutzt werden, geben die nur in bestimmter Menge verfügbaren Faktormengen die Begrenzung an:

$$\bar{v}_1 = OM = O'N$$
$$\bar{v}_2 = ON = O'M$$

v_i^j ist der Einsatz des Faktors i in der Produktion des Gutes j.

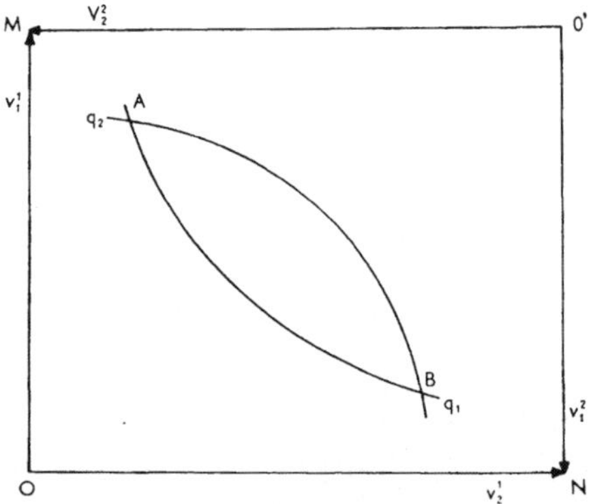

Die Produktionsstruktur hinsichtlich der Herstellung des Gutes 1 wird durch eine Schar von Isoquanten von O aus dargestellt; der Produktionsmengenindex steigt bei einer Verschiebung der Isoquanten nach rechts. — Die technischen Produktionsbedingungen für die Erstellung des Gutes 2 werden entsprechend durch Isoquanten von O′ aus zum Ausdruck gebracht, wobei sich der Mengenindex der Isoquanten nach links erhöht.

Zwei beliebige Isoquanten für die Produktion des Gutes 1 (q'_1) und des Gutes 2 (q'_2) schneiden sich in zwei Punkten A und B.

a) Sind die Produktionsfaktoren, wenn sie gemäß der durch die Punkte A und B dargestellten Verteilung eingesetzt werden, voll und effizient ausgenutzt? Welche

Bedingung muß für den effizienten Einsatz der Produktionsfaktoren erfüllt sein?

b) Welcher Zusammenhang besteht zwischen der ‚Effizienzkurve' und der ‚Transformationskurve'?

Aufgabe 42

In einer Unternehmung werden zwei Gütermengen (q_1 und q_2) in konkurrierenden Produktionsprozessen hergestellt, wobei gilt:

$$q_j \geq 0 \qquad (j = 1,2)$$

Zum Einsatz sollen drei Produktionsfaktoren gelangen. Die Menge eines Produktionsfaktors i, der zur Produktion des Gutes j eingesetzt wird (v_i^j), sei der Gütermenge q_j proportional:

$$v_i^j = a_{ij} \cdot q_j \qquad (i = 1, 2, 3)$$

$$a_{ij} = \text{konstant}$$

Die Inputkoeffizienten a_{ij} haben folgende Größen:

$$a_{11} = 6; \qquad a_{12} = \frac{3}{2}$$

$$a_{21} = 2; \qquad a_{22} = 1$$

$$a_{31} = \frac{5}{2}; \qquad a_{32} = 5$$

Die Produktionsfaktoren seien nur in begrenzten Mengen (b_i) verfügbar:

$$b_1 = 18$$

$$b_2 = 7$$

$$b_3 = 25$$

Die Produktpreise (p_j) sollen konstant sein:

$$p_1 = 5$$

$$p_2 = 4$$

Ermitteln und erklären Sie die optimale Lösung dieses Produktionsmodells unter der Bedingung, daß der Erlös

$$E = \sum_{j=1}^{2} p_j \cdot q_j$$

maximiert werden soll,
a) nach der Simplex-Methode,
b) in einer graphischen Darstellung.
Sind beim optimalen Produktionsprogramm alle Produktionsfaktoren voll ausgenutzt?

Aufgabe 43

Entwickeln Sie aus dem Ertragsgesetz graphisch eine kurzfristige Kostenkurve K = f (q), die die Abhängigkeit der Kosten (K) von der Ausstoßmenge (q) angibt.

Aufgabe 44

Definieren Sie die Begriffe:
a) Fixe Kosten,
b) Variable Kosten,
c) Grenzkosten,
d) Stückkosten,
e) Variable Stückkosten,
f) Durchschnittliche fixe Kosten
in bezug auf die Ausstoßmenge einer Unternehmung. Geben Sie an, wie die einzelnen Größen in einer Graphik, die die Gesamtkosten (K) in Abhängigkeit von der Produktmenge (q) als s-förmige Kurve darstellt, gemessen werden können.

Aufgabe 45

a) Erläutern Sie den Unterschied der Aussagen
„Die Kosten steigen mit wachsender Ausbringungsmenge zunächst unter-, dann überproportional“
und
„Die Kosten steigen mit wachsender Ausbringungsmenge zuerst unter-, dann überlinear“
(graphische Darstellung).

b) Erklären Sie die Größe der Elastizität der Kosten in bezug auf die Produktmenge in den einzelnen Bereichen der s-förmigen Kostenkurve.

Aufgabe 46

Gegeben sei die Kostenfunktion:

$$K = q^3 - 20 \cdot q^2 + 150 \cdot q + 200$$

(K = Gesamtkosten; q = Produktmenge).

a) Bilden Sie eine Wertetabelle für $0 \leq q \leq 12$ und stellen Sie die Kostenfunktion graphisch dar.

b) Wie lauten die Gleichungen der Grenzkosten, Stückkosten und durchschnittlichen variablen Kosten?

c) Ermitteln Sie die Höhe der Ausstoßmenge im Betriebsminimum (rechnerisch und graphisch).

Aufgabe 47

Wie unterscheidet sich eine langfristige von einer kurzfristigen Kostenkurve? Kann langfristig die Gültigkeit des Ertragsgesetzes unterstellt werden?

Aufgabe 48

Auf dem Markt eines homogenen Gutes sei der Preis für einen Anbieter gegeben:

$$p = \bar{p}$$

Die Kostenkurve verlaufe s-förmig.

a) Welche Bedingung muß für die Höhe des Preises gelten, damit der Anbieter überhaupt einen Gewinn erzielen kann? Bei welcher Ausstoßmenge ist der Gewinn maximal? Graphische Lösung.

b) Unter welchen Bedingungen wird der Unternehmer in einer Verlustsituation anbieten? Erklären Sie an Hand der Graphik in diesem Zusammenhang den Marshall'schen Begriff der ‚Quasirente'.

Aufgabe 49

a) Was besagt das ‚Cournot'sche Theorem'?

b) In welchem Elastizitätsbereich der Preis-Absatz-Funktion liegt der Cournot'sche Punkt eines monopolistischen Anbieters?

c) Was gilt für den Unterschied von Grenzkosten und Preis im Cournot'schen Punkt?

d) Kann ein monopolistischer Anbieter mit der gleichen Produktmenge maximalen Erlös und maximalen Gewinn erzielen?

Aufgabe 50

a) Ermitteln Sie rechnerisch und graphisch den Cournot'schen Punkt eines Anbieters, dessen Preis-Absatz-Funktion

$$q = 10 - \frac{1}{6} \cdot p$$

(q = Menge des Gutes; p = Preis des Gutes) und Kostenfunktion

$$K = 20 \cdot q + 40$$

(K = Gesamtkosten) lauten. Wie hoch ist der Gewinn im Cournot'schen Punkt?

b) Wie ändert sich die Lage des Cournot'schen Punktes bzw. die Höhe des Gewinns, wenn 1. die fixen Kosten um 10 Einheiten steigen, 2. die durchschnittlichen variablen Kosten um 4 Einheiten zunehmen?

Aufgabe 51

Gegeben sei die Kostenkurve (siehe Aufgabe 48):

$$K = q^3 - 20 \cdot q^2 + 150 \cdot q + 200$$

Die Erlösfunktion des Anbieters laute:

$$E = 102 \cdot q$$

(K = Kosten; E = Erlös; q = Produktmenge).

a) Welche Marktform liegt auf der Angebotsseite vor?

b) Bestimmen Sie den maximalen Gewinn des Anbieters (rechnerisch und graphisch).

c) Zeichnen Sie die individuelle Angebotskurve des Unternehmers.

Aufgabe 52

Für einen Anbieter soll gelten:

$$DK = \frac{a}{q} \quad \text{und} \quad E = b \cdot q$$

(DK = Durchschnittskosten; E = Erlös; q = Produktmenge; a und b sind Parameter der Funktionen).

Welche Menge müßte der Unternehmer produzieren, um einen maximalen Gewinn zu erzielen?

Aufgabe 53

Auf dem Markt eines Gutes seien folgende Angebots- und Nachfragefunktion gegeben:

$$q^D = a + b \cdot p$$
$$q^S = c + d \cdot p$$

(q^D = Nachfragemenge; q^S = Angebotsmenge; p = Preis).

Die Parameter der Funktionen haben folgende Werte

$$a = 6; \quad b = -\frac{2}{3}; \quad c = -2; \quad d = \frac{2}{3}$$

a) Bestimmen Sie graphisch und rechnerisch die Höhe des Preises und der Gütermenge im Gleichgewicht.

b) Prüfen Sie an Hand der Graphik, ob unter den Voraussetzungen des Spinnwebtheorems ein neues Gleichgewicht erreicht wird, wenn die Nachfragefunktion sich (infolge einer Verbesserung der Nachfragebedingungen) um $\Delta a = 2$ verlagert.

Aufgabe 54

Nehmen Sie Stellung zu der Aussage „Der Gleichgewichtspreis ist durch Angebot und Nachfrage bestimmt“.

Aufgabe 55

Kennzeichnen Sie die Verhaltensweisen eines
a) Mengenanpassers,
b) Preisfixierers,
c) Mengenfixierers.

Stellen Sie die Beziehungen zwischen Preis und Absatzmenge in den einzelnen Fällen graphisch dar.

Aufgabe 56

Was bedeutet hinsichtlich der Marktform die Aussage, daß für den Triffin'schen Koeffizienten (τ) gilt:

$$\tau = 0, \quad \tau = \infty \quad \text{oder} \quad 0 < \tau < \infty?$$

Aufgabe 57

Auf einem ‚vollkommenen Markt' sei ein einheitlicher Marktpreis gegeben. Wie könnte dieser Markt charakterisiert werden?

Aufgabe 58

Die Preis-Absatz-Funktion eines Anbieters sei im Bereich $0 \leq q \leq 3$:

$$p = 8 - \frac{2}{3} \cdot q$$

und im Bereich $3 \leq q \leq 8$:

$$p = \frac{48}{5} - \frac{6}{5} \cdot q$$

a) Zeichnen Sie die Preis-Absatz-Funktion. Welche Verhaltensweise des Anbieters liegt vor?

b) Bestimmen Sie graphisch die gewinnmaximale Preis-Absatz-Kombination, wenn die Kostenfunktion lautet:

$$K = 3 \cdot q + 4$$

c) Die variablen Stückkosten mögen um 0,5 Einheiten steigen. Wie wird dadurch die Preis-Absatz-Planung des Unternehmers beeinflußt?

d) Wie würde sich der Anbieter verhalten, wenn die Preis-Absatz-Funktion im Bereich $0 \leq q \leq 3$

$$p = \frac{48}{5} - \frac{6}{5} \cdot q$$

und im Bereich $3 \leq q \leq 12$

$$p = 8 - \frac{2}{3} \cdot q$$

lautet?

Aufgabe 59

Erklären Sie den Begriff ‚Preisdifferenzierung' und geben Sie an, unter welchen Bedingungen Preisdifferenzierung sich für einen Unternehmer als lohnend erweist (Voraussetzung: der Anbieter strebt einen maximalen Gewinn an).

Aufgabe 60

Begründen Sie kurz das Vordringen des ‚Nichtpreiswettbewerbs'.

Aufgabe 61

Was ist ein Kartell? Wodurch wird die Kartellbildung in einer Volkswirtschaft gefördert?

Aufgabe 62

Was besagt die Theorie der ‚countervailing powers'?

Aufgabe 63

Diskutieren Sie den Satz „Der Monopolpreis ist höher, die Angebotsmenge geringer, als wenn — bei gleicher Kostenstruktur — der betreffende Markt im atomistischen Angebot beliefert würde".

Lösungen

Teil I: Grundlegung, Wirtschaftskreislauf

Aufgabe 1

Teil a: Die Wachstumsraten der Bevölkerung (g_B) und des Volkseinkommens (g_Y) sind durch folgende Formeln gegeben:

$$g_B = \frac{\Delta B}{B} \cdot 100$$

$$g_Y = \frac{\Delta Y}{Y} \cdot 100$$

Unter Berücksichtigung der Zahlenwerte ergeben sich folgende Reihen:

	1960/61	1961/62	1962/63
g_B	1,44	1,25	1,23
g_Y	9,57	7,94	5,88

Teil b: Für das Pro-Kopf-Einkommen können folgende Werte ermittelt werden:

	1960	1961	1962	1963
Y/B	4151	4484	4781	5000

Die Wachstumsraten der Bevölkerung und des Volkseinkommens sinken; die Korrelation von Bevölkerungs- und Volkseinkommensentwicklung ist erkennbar. Jedoch ist das Volkseinkommen in den einzelnen Jahren stärker als die Bevölkerung gewachsen. Dieses Ergebnis kommt in dem steigenden Pro-Kopf-Einkommen zum Ausdruck. Es kann von ‚intensivem Wachstum' gesprochen werden, da $g_Y > g_B$ ist.

Aufgabe 2

Teil a: Die ökonomisch-demographische Grundgleichung lautet:

$$P \cdot A = V \cdot B + I$$

Die Symbole bedeuten: P = durchschnittliche Produktivität eines Arbeiters; A = Zahl der Arbeiter; V = Verbrauch pro Kopf; B = Bevölkerungszahl; I = Netto-Investitionen.

Das Volkseinkommen (Y) entspricht dem Produkt aus der Zahl der Arbeiter mal der Produktivität eines Arbeiters:

$$Y = P \cdot A = V \cdot B + I$$

Durch eine einfache Umformung dieser Gleichung folgt:

$$V \cdot B = Y - I$$

$$V = \frac{Y - I}{B}$$

Es werden die gegebenen Zahlen eingesetzt:

$$V = \frac{(300 - 36)\ \text{Mrd}}{60\ \text{Mio}} = 4400$$

Teil b: Die Arbeitsproduktivität ist gleich dem Verhältnis von Volkseinkommen zu Arbeiterzahl:

$$P = \frac{Y}{A} = \frac{300\ \text{Mrd}}{25\ \text{Mio}} = 12\,000$$

Die Produktivität eines Arbeiters ist fast das Dreifache des Pro-Kopf-Verbrauchs. Das bedeutet, daß im Durchschnitt ein Arbeiter fast das Dreifache seines durchschnittlichen Konsums leistet.

Aufgabe 3

In der Graphik wird auf der Ordinate die Zahl der Geborenen (B) bzw. der Gestorbenen (S) auf 1000 Einwohner, auf der Abszisse die Zeit (t) abgetragen:

Die Fläche zwischen den beiden Kurven zeigt den Geburtenüberschuß an. Es ist ersichtlich, daß — vor allem im 20. Jahrhundert — bis zum Jahre 1931 die Geburten- und Sterbezahlen stark abnehmen. Besonders im Jahre 1931 nähern sich beide Kurven, da der Geburtenüberschuß wegen des Absinkens der Geborenenzahl ein Minimum erreicht hat. Bis zum Jahre 1941 nimmt die Zahl der Geborenen bzw. der Geburtenüberschuß wieder zu, obwohl die Zahl der Gestorbenen ebenfalls ansteigt. Im Jahre 1951 hat die Zahl der Geborenen wieder einen Tiefpunkt erreicht; aber auch die Gestorbenenzahl ist minimal. In den letzten zehn Jahren ist die Zahl der Gestorbenen nur unwesentlich angestiegen (die S-Kurve verläuft fast horizontal), während die Geborenenzahl angewachsen ist.

Aufgabe 4

Die Bevölkerung steigt gemäß einer Exponentialfunktion:

$$B_t = 5 \cdot 2^t$$

Die Nahrungsmittelproduktion wächst linear:

$$N_t = 20 + 2 \cdot t$$

Folgende Wertetabelle läßt sich berechnen:

t	B	N
0	5	20
1	10	22
2	20	24
3	40	26
4	80	28
..	..	..

Zwischen t_2 und t_3 liegt der ‚kritische Punkt', d. h. der Schnittpunkt der Kurven B (t) und N (t), in dem das ‚Nahrungsmitteldefizit' beginnt.

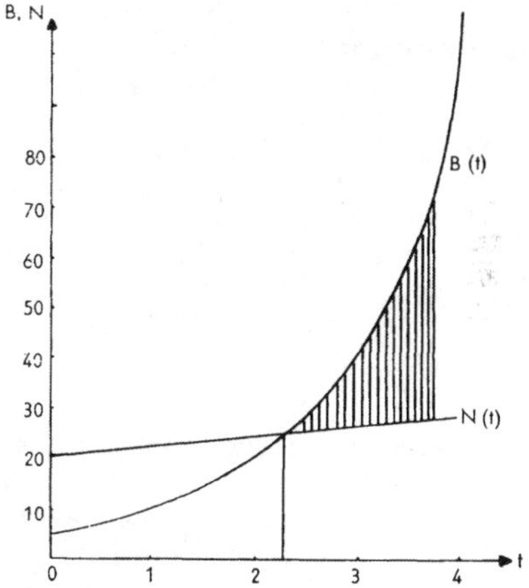

Aufgabe 5

Teil a: Da A (B) mit den gleichen Kosten entweder 60 (20) Einheiten des Gutes I oder 150 (100) Einheiten des Gutes II beschaffen kann, sind die internen Tauschraten (R):

$$\text{für A:} \quad R_A = \frac{60}{150} = 1 : 2{,}5$$

$$\text{für B:} \quad R_B = \frac{20}{100} = 1 : 5$$

Teil b: A spezialisiert sich auf die Beschaffung des Gutes I, da er hier einen relativen Vorteil hat, und bekommt im Tausch bei einer Tauschrate von 1 : 4 für 60 Einheiten des Gutes I 240 Einheiten des Gutes II (statt 150 Einheiten, die er sich selbst an Stelle der 60 Einheiten des Gutes I beschaffen könnte). A ‚verdient' also 90 Einheiten des Gutes II.

B spezialisiert sich auf die Beschaffung des Gutes II, da hier sein Nachteil relativ am geringsten ist. Im Tausch erhält er für 240 Einheiten des Gutes II 60 Einheiten (statt 48 Einheiten) des Gutes I, hat demnach 12 Einheiten des Gutes I ‚verdient'.

Teil c: Die Tauschrate 1 : 3 ist ebenfalls eine ‚mittlere' Rate, d. h. sie liegt zwischen den internen Tauschraten, so daß ein Tausch für beide Partner vorteilhaft ist. A würde im Tausch für 60 Einheiten des Gutes I 180 Einheiten des Gutes II erzielen (‚Überschuß' 30 Einheiten); B gewinnt bei diesem Tausch 24 Einheiten des Gutes II (60 statt 36 Einheiten).

B würde also die Rate 1 : 3, A die Rate 1 : 4 zu erreichen versuchen.

Aufgabe 6

Nach der personellen Methode entspricht das Volkseinkommen (Nettosozialprodukt zu Faktorkosten) der Summe aller individuellen Geldeinkommen einer Periode, die gegen den Verkauf marktbewerteter Leistungen erzielt wurden.

Diese Einkommen können aufgeteilt werden in Kontrakteinkommen, die am Beginn der Periode bereits feststehen (Löhne, Gehälter, Mieten, Zinsen usw.), und

Residualeinkommen, die sich am Ende der Periode als Differenz zwischen dem Marktwert der Produktion und den Produktionskosten ergeben (Einkommen der Unternehmer).

Nach der realen Methode ist das Volkseinkommen gleich dem Wert der nettoerzeugten Produkte oder gleich der realen Wertschöpfung einer Volkswirtschaft in einer Periode.

Aufgabe 7

Teil a: Zur graphischen Darstellung der ‚Lorenz-Kurve' (Konzentrationskurve) wird auf der Ordinate der Prozentsatz der Einkommen (y), auf der Abszisse der Prozentsatz der ärmsten Einkommensempfänger (x) abgetragen.

Auf Grund der Angaben sind drei Punkte einzuzeichnen:

Die ärmsten 20 % aller Empfänger bezogen 5 % aller Einkommen; das ergibt den Punkt P_1 (20; 5).

Die ärmsten 50 % aller Empfänger empfingen 25 % aller Einkommen; das entspricht dem Punkt P_2 (50; 25).

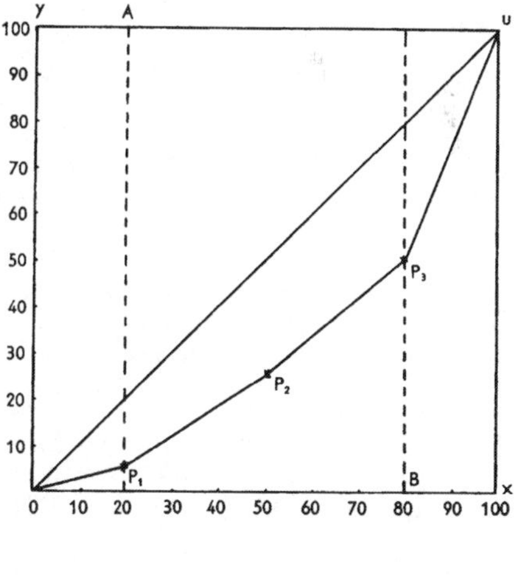

Die reichsten 20 % aller Empfänger erhielten 50 % aller Einkommen; das heißt, daß die ärmsten 80 % aller Empfänger ebenfalls 50 % der Einkommen bekamen; in der Graphik ergibt sich der Punkt P_3 (80; 50).

Der Streckenzug $0P_1P_2P_3U$ stellt die Lorenzkurve dar.

Teil b: Die ärmsten 80 % aller Empfänger bezogen 50 % aller Einkommen (Strecke BP_3), die reichsten 80 % aller Empfänger 95 % aller Einkommen (Strecke P_1A).

Aufgabe 8

Der private Konsum wird als der Wert der Verkäufe von Gütern und Dienstleistungen durch Unternehmungen an Haushalte bzw. als Ausgaben der privaten Haushalte (und Organisationen ohne Erwerbscharakter) für Käufe von Gütern und Dienstleistungen definiert.

Sparen bedeutet Nichtverbrauch von Einkommen und ist somit eine Restgröße, die sich (in einer geschlossenen Wirtschaft ohne staatliche Aktivität) als Differenz von Volkseinkommen und Verbrauch ergibt. Das Vermögen der Wirtschaftssubjekte wird durch Sparen (Entsparen) erhöht (vermindert).

Aufgabe 9

Teil a: Die Transferzahlungen des Staates gehören nach der Sozialproduktsrechnung des Statistischen Bundesamtes zwar zum verfügbaren Einkommen der Haushalte, jedoch nicht zum Volkseinkommen (Netto-Sozialprodukt zu Faktorkosten), da sie lediglich Übertragung von Einkommen ohne direkte Gegenleistung bedeuten.

Teil b: Kassenbestände der Haushalte als Teil der umlaufenden Geldmenge werden nicht zum Sozialprodukt gerechnet; sie sind eine Bestandsgröße, während das Sozialprodukt als Ergebnis der wirtschaftlichen Tätigkeit einer Periode nur Stromgrößen enthält.

Teil c: Die Umsatzsteuern der Unternehmungen sind indirekte Steuern und zählen nicht zum Volkseinkommen. Sie erhöhen als Kostensteuern das Nettosozialprodukt zu Faktorkosten zum Nettosozialprodukt zu Marktpreisen.

Teil d: Die Gehälter der Staatsbeamten rechnen zum öffentlichen Konsum und damit als Teil der Staatsausgaben für Güter und Dienste zum Nettosozialprodukt zu Faktorkosten.

Teil e: Öffentliche Subventionen sind Zuschüsse des Staates an private Unternehmungen. Sie können als negative Kostensteuern bezeichnet werden, denn um ihre Höhe vermindert sich das Nettosozialprodukt zu Faktorkosten zum Nettosozialprodukt zu Marktpreisen. Die Subventionen sind daher im Volkseinkommen enthalten.

Teil f: Lohnsteuern sind persönliche direkte Steuern. Nach der Sozialproduktsrechnung zählen sie zum Volkseinkommen und auch zum persönlichen Einkommen. Das verfügbare Einkommen ist dagegen um den Betrag der persönlichen Steuern (einschl. der Arbeitnehmerbeiträge zur Sozialversicherung) kleiner als das personelle Einkommen.

Teil g: Auslandsguthaben, z. B. bei der Zentralbank, sind wie die Kassenbestände der Haushalte eine Bestandsgröße. Sie rechnen nicht zum Sozialprodukt, da hier der Wert aller während einer Periode produzierten Güter und Leistungen für In- und Ausland erfaßt wird.

Teil h: Exporte sind im Nettosozialprodukt zu Faktorkosten enthalten, denn sie werden als Verkauf von im Inland produzierten Gütern an ausländische Wirtschaftseinheiten definiert.

Aufgabe 10

Teil a: Die Brutto-Investitionen (I_B) umfassen den Bruttowert der produzierten Anlagen, die den Beständen der Unternehmungen zugeführt werden, einschließlich der Veränderungsgröße des Lagerbestandes.

Die Re-Investitionen (Ersatz-Investitionen, I_R) entsprechen dem Teil der Brutto-Investitionen, der erforderlich ist, um die Minderung der Bestände durch Verschleiß, Verzehr, Abnutzung usw. zu ersetzen.

Die Netto-Investitionen (I_N) sind gleich der Veränderung des Sachgüterbestandes im Bereich der Unternehmungen, die positiv oder negativ (‚Des-Investierungen') sein kann.

Teil b: Zur Ermittlung der einzelnen Größen wird von der Gleichung

$$I_B = I_R + I_N$$

ausgegangen.

Fall (1): Die erforderlichen Re-Investitionen zur Erhaltung des Kapitalstocks betragen 15 % des Bestandes:

$$I_R = \frac{15 \cdot 200}{100} = 30$$

Die Erhöhung des Kapitalstocks um 30 entspricht der Netto-Investierung. Daher sind die Brutto-Investitionen:

$$I_B = 30 + 30 = 60$$

Fall (2): Die Re-Investitionen betragen 30; da sich der Kapitalbestand gegenüber dem Zeitpunkt t_1 nicht geändert hat, sind die Netto-Investitionen Null. Insgesamt wurde also in Höhe von 30 investiert:

$$I_B = 30 + 0 = 30$$

Fall (3): Die notwendigen Re-Investitionen zum Ersatz der Abnutzung sind wiederum gleich 30; da der Bestand an Kapitalgütern abgenommen hat, sind die Netto-Investitionen negativ ($I_N = -10$):

$$I_B = 30 - 10 = 20$$

Fall (4): Der Kapitalbestand hat in Höhe der Abnutzung abgenommen, da nicht investiert worden ist; die erforderlichen Re-Investitionen in Höhe von 30 werden durch Des-Investierungen kompensiert, so daß die Brutto-Investierung Null wird:

$$I_B = 30 - 30 = 0$$

Teil c: Die Brutto-Investierungen können Null, aber nicht negativ werden, da die Grenze für eine Verminderung des Kapitalstocks durch die völlig unterlassenen Ersatz-Investitionen gegeben ist.

Aufgabe 11

Es werden drei Sektoren gebildet (I = produktive Klasse, Sektor der Urerzeugung; II = besitzende Klasse, Sektor der Grundeigentümer; III = sterile Klasse, Sektor der Manufakturisten) und die Geldströme eingezeichnet, die zwischen den Sektoren fließen:

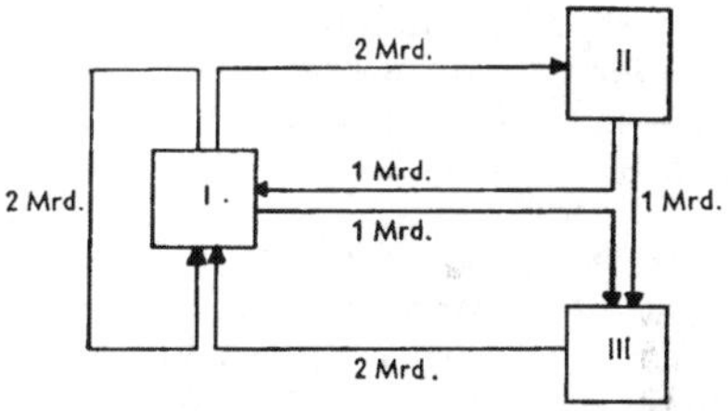

Da der Kreislauf geschlossen ist, muß jeder Sektor wertmäßig genausoviel einnehmen wie ausgeben.

Bei der Darstellung in Kontenform erscheint jede Transaktion zweimal: als Einnahme und als Ausgabe.

Eingänge		I Verwendung	
Verkauf an II	1	Kauf von III	1
Verkauf an III	2	Pacht an II	2
Eigenverbrauch	2	Eigenverbrauch	2
	5		5

Eingänge		II	Verwendung	
Pacht von I	2		Kauf von I	1
			Kauf von III	1
	2			2

Eingänge		III	Verwendung	
Verkauf an I	1		Kauf von I	2
Verkauf an II	1			
	2			2

Die im Modellschema dargestellte Wirtschaft ist stationär, da das gesamte Sozialprodukt ausgegeben wird; es wird nicht gespart bzw. Kapital gebildet.

Aufgabe 12

Die Sektoren ‚Unternehmungen' und ‚Haushalte' können folgendermaßen unterschieden werden:

Haushalte sind Verbrauchseinheiten, d. h. Wirtschaftseinheiten, deren Zweck die Verwendung von Gütern ist, die jedoch nicht selbst produzieren. Dazu können gezählt werden: Familien und sonstige Lebensgemeinschaften; Haushalte von Einzelpersonen; Organisationen, Vereine, Institute usw., die keinen Erwerbscharakter haben (Kirchen, politische Parteien, Gewerkschaften, Sportvereine, gesellige Vereine usw.).

Unternehmungen sind Produktionseinheiten, d. h. Wirtschaftseinheiten, deren Zweck die Herstellung von Gütern und Leistungen ist. Es werden Waren produziert bzw. Dienstleistungen erbracht, die gegen Entgelt verkauft werden. Die Entgelte sollen i. a. Überschüsse abwerfen oder zumindest die Kosten decken. Zum Sektor Unternehmungen können gerechnet werden: Unternehmen der Industrie, des Handels, der Banken und Versicherungen, des Handwerks und der Landwirtschaft; Ein- und Verkaufsvereinigungen, freie Berufe usw.

Das Volkseinkommen ergibt sich durch die Einkommensentstehungsgleichung:

$$Y = C + I = 160 + 30 = 190$$

Das Sparen kann als Restgröße aus der Einkommensverwendungsgleichung bestimmt werden:

$$Y = C + S$$

$$S = Y - C = 190 - 160 = 30 = I$$

In dem Kreislaufschema werden drei Sektoren gebildet: Unternehmungen, Haushalte und Kapitalbildung.

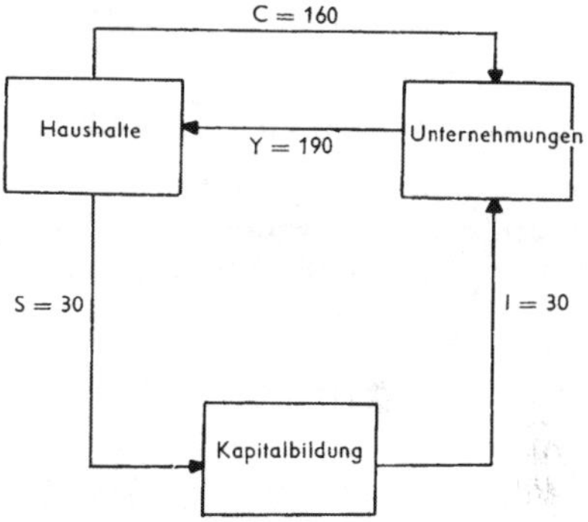

Das Volkseinkommen (Y = 190) fließt den Haushalten als Entgelt für das Erbringen von Leistungen in den Unternehmungen zu.

In Höhe der Konsumausgaben (C = 160) ist ein Strom von den Haushalten zu den Unternehmungen zu zeichnen.

Durch das Sparen (S = 30) wird das Vermögen der Haushalte in Form von zusätzlichen Forderungsrechten vergrößert (‚Ansprüche' der Haushalte an den Sektor ‚Kapitalbildung'). Der Erhöhung der Forderungsrechte im Sektor Haushalte entspricht eine Erweiterung des

Kapitalbestandes im Sektor Unternehmungen (I = 30), im Schema dargestellt als Verkauf von Forderungsrechten durch den Sektor ‚Unternehmungen' an den Sektor ‚Kapitalbildung'.

Die notwendige Gleichheit von Investieren und Sparen wird ersichtlich, die ex post in diesem Modell einer geschlossenen Volkswirtschaft ohne staatliche Aktivität immer gilt.

Aufgabe 13

In der offenen Wirtschaft lauten die Einkommensgleichungen:

$$Y = C + I + (X - M) = 80 + 25 + (30 - 15) = 120$$

und

$$Y = C + S = 80 + 40 = 120$$

Die Ersparnisse sind also gleich 40.

Im Kreislaufschema werden 4 Sektoren gebildet: Unternehmungen (U), Haushalte (H), Ausland (A) und Kapitalbildung (K):

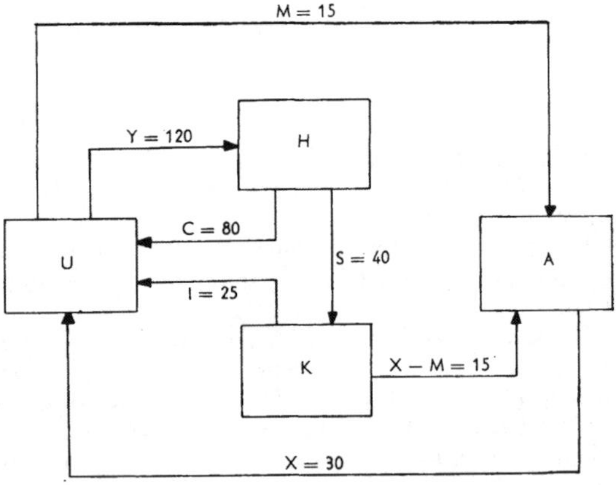

Die Differenz zwischen Sparen und Investieren (S — I = 15) wird durch den positiven Saldo der Handelsbilanz (X — M = 15) ausgeglichen.

In Kontenform ergibt sich folgende Darstellung:

Eingänge	Unternehmungen		Verwendung
Erlöse (C)	80	Ausgaben für Dienste (Y)	120
Erlöse (X)	30	Ausgaben (M)	15
Verkauf v. Forderungsrechten (I)	25		
	135		135

Eingänge	Haushalte		Verwendung
Geldeinkommen (Y)	120	Ausgaben (C)	80
		Erwerb v. Forderungsrechten (S)	40
	120		120

Eingänge	Ausland		Verwendung
Verkäufe (M)	15	Käufe (X)	30
Verkauf v. Forderungsrechten (X — M)	15		
	30		30

Eingänge	Kapitalbildung		Verwendung
Verkauf v. Forderungsrechten an H (S)	40	Kauf von Forderungsrechten von U (I)	25
		Kauf von Forderungsrechten von A (X—M)	15
	40		40

In der Matrix werden in den Spalten die Ausgaben, in den Zeilen die Eingänge der einzelnen Sektoren eingetragen:

Verw. Eing.	U	H	A	K	
U	0	80	30	25	135
H	120	0	0	0	120
A	15	0	0	15	30
K	0	40	0	0	40
	135	120	30	40	

Aufgabe 14

Teil a: Aus den Einkommensgleichungen in einer offenen Wirtschaft mit staatlicher Aktivität

$$Y = C + I + (X - M) + G - T_i + Z \qquad \text{(Entstehung)}$$

$$Y = C + S + T_d - Tr \qquad \text{(Verwendung)}$$

ergibt sich als Identität:

$$I + X + G + Z + Tr = S + M + T_i + T_d$$

Es werden folgende Abkürzungen eingeführt: D (Saldo der staatlichen Ausgaben und Einnahmen) und B (Saldo der Handelsbilanz)

$$D = (G + Z + Tr) - (T_i + T_d)$$

$$B = X - M$$

Die Identität lautet dann:

$$I + D + B = S$$

Auf Grund der Zahlenangaben können B, D und S berechnet werden:

$$B = 70 - 90 = -20 \quad \text{(Importüberschuß)}$$

$$D = (85 + 60 + 10) - (55 + 65) = 35 \quad \text{(Defizit des Staates)}$$

$$S = 80 + 35 - 20 = 95$$

Teil b: Im Kreislaufschema werden fünf Sektoren gebildet: Unternehmungen (U), Haushalte (H), Ausland (A), Staat (St) und Kapitalbildung (K).

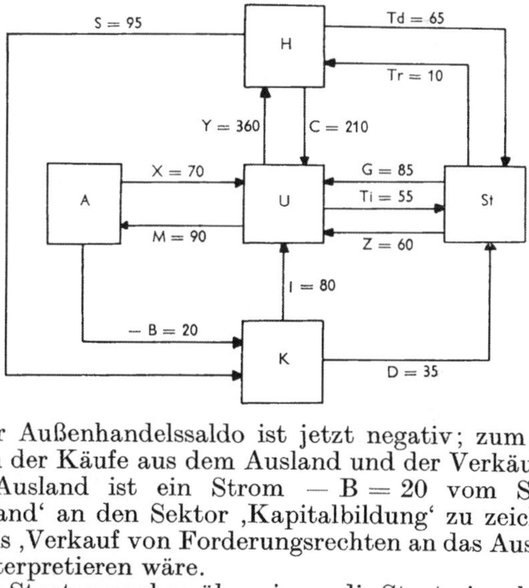

Der Außenhandelssaldo ist jetzt negativ; zum Ausgleich der Käufe aus dem Ausland und der Verkäufe an das Ausland ist ein Strom — B = 20 vom Sektor ‚Ausland' an den Sektor ‚Kapitalbildung' zu zeichnen, der als ‚Verkauf von Forderungsrechten an das Ausland' zu interpretieren wäre.

Die Staatsausgaben überwiegen die Staatseinnahmen; der Ausgleich erfolgt über den Strom D = 35 vom Sektor ‚Kapitalbildung' zum Sektor ‚Staat', der bedeutet, daß vom Staat Forderungsrechte verkauft werden.

In Kontenform können die Beziehungen folgendermaßen dargestellt werden:

Eingänge	Unternehmungen		Verwendung
Erlöse (C)	210	Ausgaben für Dienste (Y)	360
Erlöse (X)	70	Ausgaben (M)	90
Erlöse (G)	85	Indirekte Steuern (T_i)	55
Subventionen (Z)	60		
Verkauf v. Forderungsrechten (I)	80		
	505		505

Eingänge	Haushalte		Verwendung
Geldeinkommen (Y)	360	Ausgaben (C)	210
Transferzahlungen (Tr)	10	Direkte Steuern (T_d)	65
		Erwerb v. Forderungsrechten (S)	95
	370		370

Eingänge	Ausland		Verwendung
Verkäufe (M)	90	Käufe (X)	70
		Erwerb v. Forderungsrechten (— B)	20
	90		90

Eingänge	Staat		Verwendung
Indirekte Steuern (T_i)	55	Ausgaben (G)	85
Direkte Steuern (T_d)	65	Subventionen (Z)	60
Verkauf v. Forderungsrechten (D)	35	Transferzahlungen (Tr)	10
	155		155

Eingänge	Kapitalbildung		Verwendung
Verkauf v. Forderungsrechten an H (S)	95	Kauf von Forderungsrechten von U (I)	80
Verkauf v. Forderungsrechten an A (— B)	20	Kauf von Forderungsrechten von St (D)	35
	115		115

Aufgabe 15

Teil a: Die Input-Output-Tabelle wird in Matrixform gebildet. In den Zeilen der Matrix erscheint die gesamte Ausstoßmenge eines Sektors in einer Periode als Summe aller abgegebenen Gütermengen.

	I	II	III	X_i
I	16	36	38	90
II	65	80	65	210
III	60	20	45	125

Die einzelnen Zeilen lassen sich addieren. Die Summe ergibt die Produktionsleistung eines Sektors.

Die Spalten geben an, von welchem Sektor die einzelnen Bereiche ihre Güter bezogen haben, d. h. das gesamte Input des jeweiligen Sektors. Da die gegebenen Zahlen physische Größen sind, ist eine Addition der Spalten nicht möglich.

Teil b: Als Input-Koeffizient des Produktes des Sektors i in bezug auf den Sektor j wird der Quotient aus dem Teil des Outputs des Sektors i, der an den Sektor j geliefert wird (x_{ij}), zum Output des Sektors j (X_j) bezeichnet:

$$a_{ij} = \frac{x_{ij}}{X_j}$$

Nach dieser Formel können die Koeffizienten a_{13} und a_{32} berechnet werden:

$$a_{13} = \frac{38}{125} = 0{,}304$$

$$a_{32} = \frac{20}{210} = 0{,}095$$

Teil c: Das vollständige System der technischen Input-Koeffizienten einer Volkswirtschaft, ebenfalls in Form einer Matrix dargestellt, wird ‚Strukturmatrix' genannt. Im Beispiel ergibt sich folgende Tabelle:

	I	II	III
I	0,178	0,171	0,304
II	0,722	0,381	0,520
III	0,666	0,095	0,360

Teil d: Die gegebenen Output-Mengen werden mit den jeweiligen Preisen multipliziert. Dann erhält man folgende Matrix:

	I	II	III	X_i
I	80	180	190	450
II	130	160	130	420
III	240	80	180	500
X_j	450	420	500	

In einer Zeile erscheint der Produktionswert eines Sektors. In den Spalten kann jetzt ebenfalls die Summe gebildet werden, die für jeden Sektor den Gesamtwert der eingesetzten Güter angibt.

Aufgabe 16

Teil a: Eine Funktion ist als die Beziehung zwischen zwei (oder mehreren) veränderlichen Größen zu definieren; sie gibt die Abhängigkeit der Variablen voneinander an.

Beispiele aus der Wirtschaftstheorie: die Abhängigkeit des makroökonomischen Konsums vom Volkseinkommen (Konsumfunktion), die Abhängigkeit der Ausstoßmenge von den Mengen der eingesetzten Faktoren (Produktionsfunktion), die Abhängigkeit der Netto-Investierungen von der Grenzleistungsfähigkeit des Kapitals und dem Marktzins (Keynes'sche Investitionsfunktion), die Abhängigkeit der Nachfragemenge eines Haushalts nach einem Gut vom Preis des Gutes, von den Preisen anderer in den Begehrkreis des Haushalts fallender Güter, vom Einkommen und von der Bedarfsstruktur (Nachfragefunktion).

Teil b: Eine implizite Funktion

$$F(x, y) = 0$$

drückt aus, daß die Werte der Variablen x und y in irgendeiner Weise miteinander verbunden sind. Wenn die Größe von y bekannt ist, so ist der Wert (bzw. sind die Werte), den (bzw. die) die Variable x annehmen kann, festgelegt und nicht willkürlich bestimmbar (und umgekehrt). Es besteht eine wechselseitige Beziehung zwischen den beiden Variablen, die den gleichen ‚Rang' haben. Jede Variable bestimmt die andere.

Eine explizite Funktion

$$y = f(x) = y(x)$$

kann aus der impliziten Funktion i. a. entwickelt werden. Die Variablen besitzen jetzt nicht mehr den gleichen ‚Rang', sondern die Variable y ist als die abhängige (‚bestimmte'), die Variable x als die unabhängige (‚bestimmende') Veränderliche determiniert. Die Größe y hängt in einer bestimmten Weise von der Größe ab, die der Variablen x in beliebiger Weise zugeordnet wird.

Der Unterschied zwischen ‚impliziten' und ‚expliziten' Funktionen ist vor allem ein Unterschied in der Betrachtung oder in der Betonung. Wenn die Beziehung zwischen y und x als gegenseitig angesehen wird, kann die Form der impliziten Funktion gewählt werden; wird die Beziehung von einem besonderen Gesichtswinkel aus betrachtet, so kann die Form der expliziten Funktion besser geeignet sein.

Teil c: Aus der Gleichung:

$$2y - 4x + 6 = 0$$

folgt

$$2y = 4x - 6$$

$$y = 2x - 3 = f(x)$$

Nach x aufgelöst ergibt sich:

$$4x = 2y + 6$$

$$x = \frac{1}{2} \cdot y + \frac{3}{2}$$

Nach Vertauschung der Variablen folgt daraus die inverse Funktion (Umkehrfunktion):

$$y = \frac{1}{2} \cdot x + \frac{3}{2} = g(x)$$

Die Funktionen y = f (x) und y = g (x) werden in einem Diagramm eingezeichnet, in dem auf der Ordinate die abhängige Variable, y, und auf der Abszisse die unabhängige Variable, x, abgetragen werden. Da die Funktionen linear sind, genügt zur graphischen Darstellung die Berechnung zweier Punkte einer Kurve:

$y = 2x - 3$

x	y
0	−3
1,5	0

$y = \frac{1}{2} x + \frac{3}{2}$

x	y
0	1,5
3	3

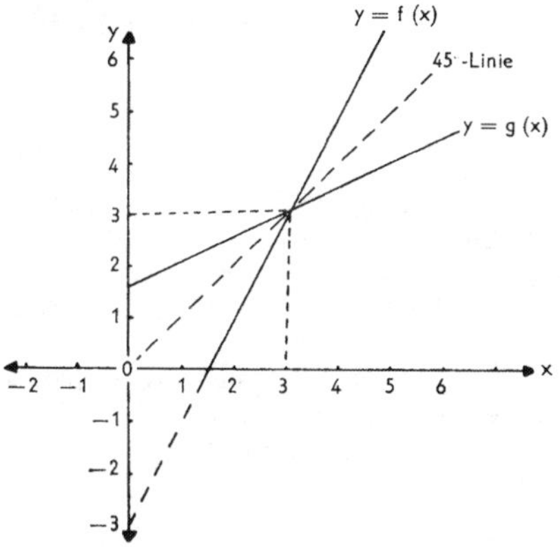

Die Bedeutung der inversen Funktion y = g (x) besteht darin, daß sie im y, x-Diagramm durch eine Spiegelung der Funktion y = f (x) an der 45-Grad-Linie gewonnen werden kann.

Aufgabe 17

Teil a: ‚Statik' und ‚Dynamik' sind Ausdrücke für bestimmte Betrachtungsweisen oder für bestimmte Arten der Analyse wirtschaftlicher Erscheinungen.

In der statischen Analyse werden Funktionen zwischen variablen Größen benutzt, die sich auf die gleiche Periode bzw. auf den gleichen Zeitpunkt beziehen. Als Beispiel diene die statische Konsumfunktion:

$$C = f(Y)$$

bzw.

$$C_t = f(Y_t)$$

Die Variablen sind nicht datiert oder erhalten den gleichen Zeitindex.

Die ‚Statik' behandelt immer Wirtschaftszustände.

In komparativ-statischer Betrachtung wird untersucht, wie sich eine statische Funktion verändert, wenn einem Parameter der Funktion ein anderer Wert beigelegt wird.

Beispiel:

$$C_t = f(Y_t, a_0) \quad \text{und} \quad C_t = f(Y_t, a_1)$$

sind zwei statische Funktionen, die nur durch eine unterschiedliche Größe des Parameters (a) differieren.

Die komparative Statik vergleicht statische Funktionen bzw. bestimmte Wirtschaftszustände miteinander.

In der dynamischen Betrachtungsweise werden die Größen der Variablen auf unterschiedliche Perioden (bzw. Zeitpunkte) bezogen. Eine dynamische Konsumfunktion lautet:

$$C_t = f(Y_{t-1})$$

Durch unterschiedliche Datierung der Variablen finden zeitliche Verzögerungen (‚time-lags') Beachtung.

Die dynamische Funktion bestimmt durch die Datierung der Variablen eine nicht umkehrbare zeitliche Folge (‚Wirkungszusammenhang im kausalen Sinn'), d. h. die inverse Funktion kann nicht gebildet werden.

Die Dynamik untersucht keine Wirtschaftszustände, sondern Wirtschaftsabläufe.

Teil b: In bezug auf das Verhalten ökonomischer Größen im Zeitablauf wird das Begriffspaar ‚stationär-evolutionär' benutzt.

Wenn eine wirtschaftliche Größe, z. B. das Volkseinkommen (Y), sich im Zeitablauf nicht ändert, so verhält sie sich stationär. In der Graphik ergibt sich eine Parallele zur Zeitachse (t):

Von evolutionärem Verhalten wird gesprochen, wenn eine Größe im Zeitablauf variiert (steigt oder fällt):

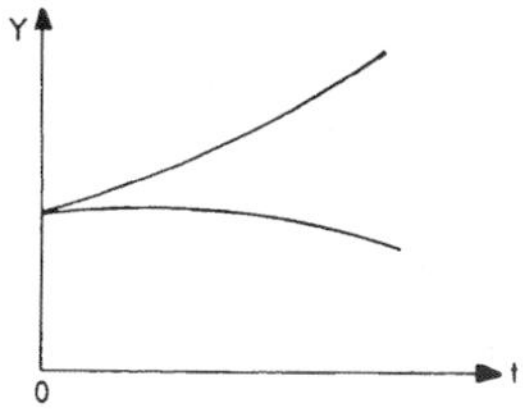

Aufgabe 18

Teil a: Der Begriff ‚Gleichgewicht‘ entstammt der Physik und kennzeichnet dort einen Zustand der Ruhe zwischen unterschiedlich gerichteten, aber an einem gemeinsamen Punkt angreifenden Kräften, deren Resultierende gleich Null ist.

In analoger Anwendung dieses Gleichgewichtsbegriffs auf den Bereich der Wirtschaft, in dem die Pläne der einzelnen Wirtschaftssubjekte (Unternehmungen, Haushalte) als unterschiedlich gerichtete Kräfte (‚Vektoren‘) interpretiert werden können, liegt demnach ein ‚Gleichgewicht‘ dann vor, wenn die einzelnen Wirtschaftspläne derart aufeinander abgestimmt sind, daß kein Wirtschaftssubjekt sich dazu veranlaßt sieht, sein wirtschaftliches Verhalten zu verändern. Die in die Wirtschaftspläne eingehenden Plangrößen (‚ex-ante-Größen‘) stimmen im Gleichgewicht mit den realisierten Größen (‚ex-post-Größen‘) überein. Kein Teilnehmer am Wirtschaftsprozeß erlebt Überraschungen; daher besteht keine Notwendigkeit zur Planrevision.

Machlup (Economic Journal 68/1958, S. 9/10) definiert das Gleichgewicht daher als eine „Konstellation ausgewählter miteinander verbundener Variabler, die so aneinander angepaßt sind, daß in dem Modell, das sie bilden, keine inhärente Tendenz zur Veränderung besteht“. Es wird also auf die wechselseitige Kompatibilität der in einem Modell miteinander verbundenen Variablen abgestellt.

In mathematischer Ausdrucksweise handelt es sich beim Gleichgewicht um die Lösungswerte eines simultanen Gleichungssystems. Nur wenn die Variablen der Wirtschaftspläne diese Lösungswerte annehmen, sind die Pläne miteinander kompatibel.

Teil b: Ein statisches Gleichgewicht ist mit einem gleichgewichtigen Zustand identisch, in dem sich die absoluten Größen der behandelten Variablen nicht ändern. In einer statischen Analyse wird untersucht, welche Werte die Variablen haben müssen, damit in dem Modell, das sie bilden, ein Zustand der völligen Anpassung besteht.

Mit dynamischem Gleichgewicht wird eine gleichgewichtige Entwicklung bezeichnet, in der sich die absoluten Größen der Variablen zwar ändern, in der die Veränderungsraten jedoch konstant sind (‚konforme Entwicklung').

Teil c: Ein stabiles Gleichgewicht ist gegeben, wenn eine Störung des Gleichgewichts infolge einer zufälligen Größenabweichung im System automatisch Revisionen auslöst, die zum Ausgangsgleichgewicht zurückführen.

Beim labilen Gleichgewicht werden bei exogenen Störungen die Determinanten der Gleichgewichtslage verändert. Es erfolgt keine Rückkehr zum Ausgangsgleichgewicht, und es bleibt offen, ob überhaupt eine neue Gleichgewichtssituation erreicht wird.

Teil d: Ein individuelles Gleichgewicht ist das Gleichgewicht einer Wirtschaftseinheit, deren Pläne sich realisiert haben (Übereinstimmung der ex-ante- und ex-post-Größen). Beispiel: Es wird das Gleichgewicht eines Haushalts A betrachtet, der ein Gut a nachfragt.

Von einem partiellen Gleichgewicht wird gesprochen, wenn das Gleichgewicht einer Gruppe von Wirtschaftseinheiten bestimmt wird (‚Ausschnitt aus der gesamten Volkswirtschaft'). Beispiel: Es wird das Gleichgewicht aller Haushalte A, B, C ... N untersucht, die ein Gut a nachfragen.

Das totale Gleichgewicht bezieht sich auf eine Situation in der gesamten Volkswirtschaft, in der sich alle Pläne realisiert haben. Beispiel: Die Nachfrage aller Haushalte A, B, C ... N nach den Gütern a, b, c ... n befinde sich im Gleichgewicht.

Aufgabe 19

Teil a: Bei einer Preissenkung von 20 % wäre $p_2 = 20$; die Nachfragemenge würde um 20 % auf $q_2 = 48$ ansteigen.

Die Wertepaare $(p_1; q_1) = (25; 40)$ und $(p_2; q_2) = (20; 48)$ werden in die Nachfragefunktion eingesetzt:

$$q = a \cdot p + b$$

$$\text{(I)} \quad 40 = a \cdot 25 + b$$

$$\text{(II)} \quad 48 = a \cdot 20 + b$$

Durch Subtraktion der Gleichungen ergibt sich:

$$-8 = 5 \cdot a$$

$$a = -\frac{8}{5}$$

Durch Einsetzen dieses Wertes in eine der beiden obigen Gleichungen erhält man die Größe des Parameters b:

$$b = 40 - 25 \cdot a = 80$$

Die Nachfragefunktion lautet demnach:

$$q = -\frac{8}{5} \cdot p + 80$$

Teil b: Die Ausgaben des Haushalts sind definiert durch:

$$A = p \cdot q = p\,(q) \cdot q$$

Die in Teil a ermittelte Nachfragefunktion wird zunächst nach p aufgelöst:

$$-\frac{8}{5} \cdot p = q - 80$$

$$p = -\frac{5}{8} \cdot q + 50$$

Diese Funktion wird in die Ausgabengleichung eingesetzt:

$$A = \left(-\frac{5}{8} \cdot q + 50\right) \cdot q = -\frac{5}{8} \cdot q^2 + 50 \cdot q$$

Das Maximum der Ausgabenfunktion ergibt sich, wenn die erste Ableitung gebildet und gleich Null gesetzt wird:

$$\frac{dA}{dq} = -\frac{5}{4} \cdot q + 50 = 0$$

$$q_m = 50 \cdot \frac{4}{5} = 40$$

Bei der Nachfragemenge $q_m = 40$ ist der Preis:

$$p_m = -\frac{5}{8} \cdot 40 + 50 = 25$$

Aufgabe 20

Teil a: Für jede Preishöhe wird die Differenz

$$q^D - q^S = x$$

gebildet, so daß x positiv (negativ) ist, wenn Nachfrageüberschüsse (Angebotsüberschüsse) vorliegen.

Preis	x
80	− 18,5
70	− 15,9
60	− 12,4
50	− 7,5
40	0
30	+ 12,3
20	+ 34,5
10	+100,0

Der Gleichgewichtspreis ist $p_0 = 40$, da bei diesem Preis weder ein unbefriedigter Nachfrage- noch Angebotsüberschuß besteht ($x = 0$).

Teil b: Im Koordinatenkreuz wird auf der Ordinate der Preis (p), auf der Abszisse die Menge des Gutes (q) abgetragen. Die Wertepaare der Tabelle ergeben Punkte im Diagramm, die kontinuierlich miteinander zur Nachfrage- (DD) bzw. Angebotskurve (SS) verbunden werden:

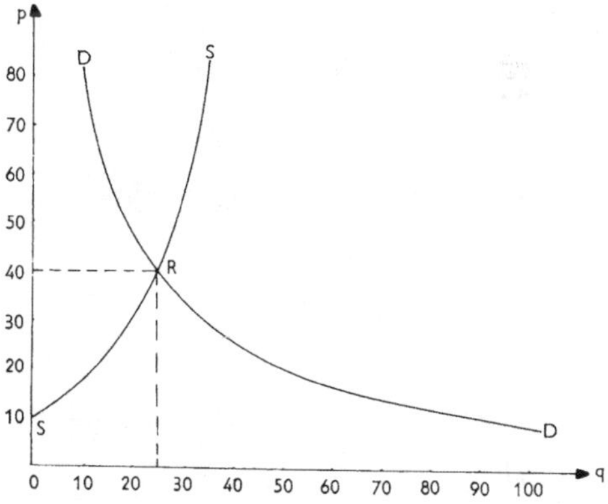

Der Schnittpunkt (R) der beiden Kurven DD und SS ergibt ebenfalls die Gleichgewichtswerte $p_0 = 40$ und $q_0 = 25$.

Teil c: Die Nachfragefunktion ist eine gleichseitige Hyperbel mit den Koordinatenachsen als Asymptoten; ihre Gleichung lautet:

$$q^D = \frac{100}{p}$$

Ihre Besonderheit besteht darin, daß es eine ‚constant-outlay-curve' (Marshall) ist; für jeden Punkt ist die Ausgabensumme (als Produkt aus Menge und Preis, gemessen durch den Flächeninhalt des Rechtecks unterhalb der Nachfragekurve) konstant (gleich 100):

$$p \cdot q^D = 100$$

Die Ausgabenkurve würde parallel zur Preis- bzw. Mengenachse verlaufen (je nachdem, welche Größe als unabhängige Variable angenommen wird).

Aufgabe 21

Teil a: Die Funktionen

$$q^D = 600 - 75 \cdot p$$

und

$$q^S = - 200 + 125 \cdot p$$

werden in ein p, q-Diagramm eingezeichnet:

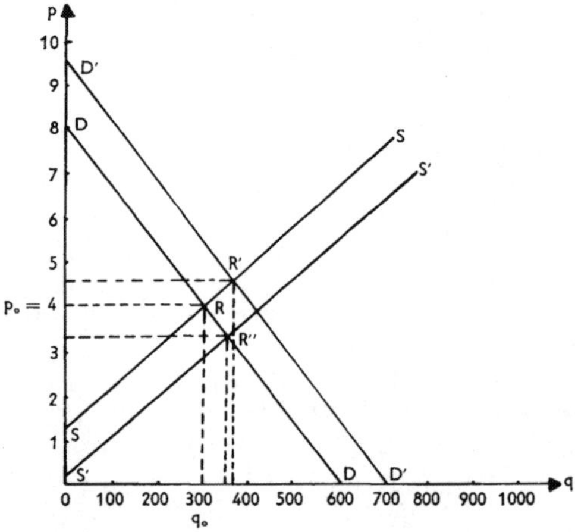

Gleichgewichtspreis (p_0) und Gleichgewichtsmenge (q_0) sind durch den Schnittpunkt der beiden Kurven DD und SS bestimmt:

$$q^D = q^S$$

$$600 - 75 \cdot p_0 = -200 + 125 \cdot p_0$$

$$200 \cdot p_0 = 800$$

$$p_0 = 4$$

$$q_0 = 600 - 75 \cdot 4 = 300$$

Die Gleichgewichtswerte $(p_0; q_0) = (4; 300)$ ergeben sich auch in der Graphik (Punkt R).

Teil b: Die neue Nachfragekurve (D'D') hat die Gleichung:

$$q^{D'} = 700 - 75 \cdot p$$

Zur Ermittlung des Gleichgewichtspreises bzw. der Gleichgewichtsmenge wird wieder gesetzt:

$$q^{D'} = q^S$$

$$700 - 75 \cdot p'_0 = -200 + 125 \cdot p'_0$$

$$p'_0 = \frac{900}{200} = 4{,}5$$

$$q'_0 = 700 - 75 \cdot 4{,}5 = 362{,}5$$

In der Graphik (siehe S. 62) können diese Werte ebenfalls abgelesen werden (Punkt R').

Teil c: In diesem Fall ist eine neue Angebotskurve (S'S') zu berücksichtigen:

$$q^{S'} = -50 + 125 \cdot p$$

Gleichgewichtspreis und -menge (Punkt R'') werden wieder nach der obigen Methode berechnet:

$$q^D = q^{S'}$$

$$600 - 75 \cdot p''_0 = -50 + 125 \cdot p''_0$$

$$p''_0 = \frac{650}{200} = 3{,}25$$

$$q''_0 = 356{,}25$$

Der Unterschied zwischen den Fällen b und c besteht darin, daß bei einer Verbesserung der Nachfragebedingungen (z. B. Erhöhung des Einkommens) sowohl der Gleichgewichtspreis als auch die Gleichgewichtsmenge steigen, daß dagegen bei einer Verbesserung der Angebotsbedingungen (z. B. verbesserte Produktionstechnik) die Gleichgewichtsmenge zunimmt, der Gleichgewichtspreis aber sinkt.

Aufgabe 22

Teil a: Ein stabiles Gleichgewicht erfordert, daß — unter der Voraussetzung flexibler Preise — bei einer zufälligen Abweichung des Preises (p) vom Gleichgewichtspreis (p_0) eine Tendenz zur Angleichung von p an p_0 besteht, was immer dann der Fall sein wird, wenn im Bereich $p > p_0$ ($p < p_0$) ein Angebotsüberschuß (Nachfrageüberschuß) vorhanden ist.

Der Angebotsüberschuß bewirkt eine Senkung, der Nachfrageüberschuß eine Erhöhung des Preises. Geometrisch ausgedrückt: Ein stabiles Gleichgewicht wird nur dann existieren, wenn im p, q-Koordinatensystem (p wird auf der Ordinate, q auf der Abszisse abgetragen) für $p > p_0$ ($p < p_0$) die Nachfragekurve oberhalb bzw. links (unterhalb bzw. rechts) der Angebotskurve verläuft.

Für ein labiles Gleichgewicht gilt das Umgekehrte.

Beispiele für ein stabiles Gleichgewicht:

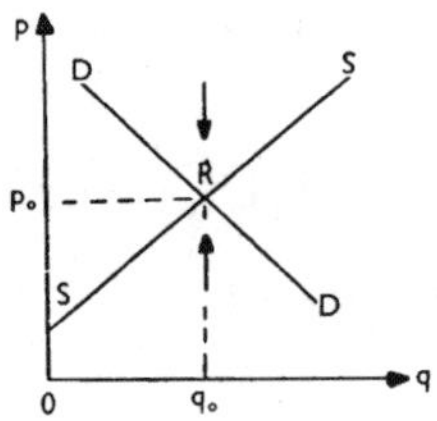

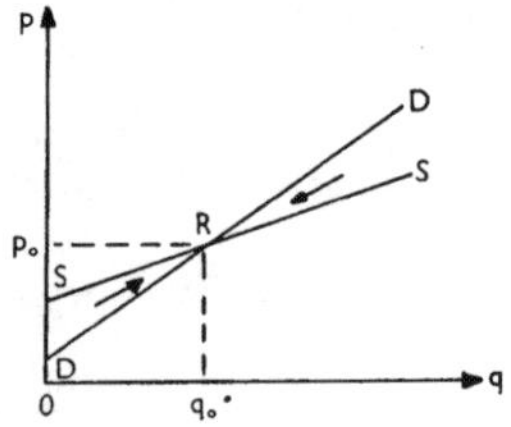

Beispiel für ein labiles Gleichgewicht:

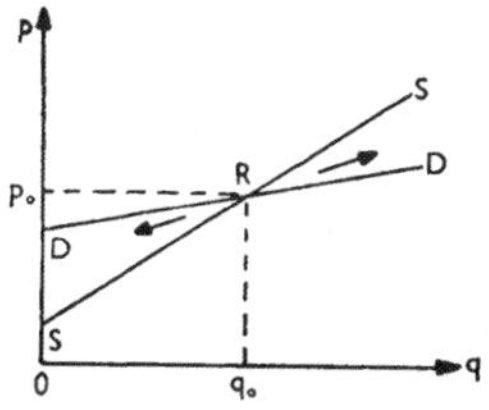

Teil b: Im Gleichgewichtspunkt R — dem Schnittpunkt von Angebots- und Nachfragekurve — ist der durchschnittliche Angebots- bzw. Nachfragepreis (gemessen durch den Tangens des Winkels, den ein Fahrstrahl aus dem Ursprung an den Gleichgewichtspunkt R mit der positiven Richtung der Abszisse bildet) für beide Kurven gleich:

$$\frac{p_0}{q_0^S} = \frac{p_0}{q_0^D}$$

Daher kommt es bei der Beurteilung der Stabilität einer Gleichgewichtslage allein auf die Steigungen beider Kurven an. Stabilität des Gleichgewichts liegt dann vor, wenn gilt:

$$\frac{dq^S}{dp} > \frac{dq^D}{dp}$$

Diese Feststellung besagt aber wiederum nichts anderes, als daß bei stabilem Gleichgewicht die Preiselastizität des Angebots

$$e_{q^S,p} = \frac{dq^S}{dp} \cdot \frac{p_0}{q_0^S}$$

größer als die Preiselastizität der Nachfrage

$$e_{q^D,p} = \frac{dq^D}{dp} \cdot \frac{p_0}{q_0^D}$$

sein muß:

$$e_{q^S,p} > e_{q^D,p}$$

Bei einem labilen Gleichgewicht gilt das Umgekehrte:

$$e_{q^S,p} < e_{q^D,p}$$

Teil c: 1. Modell: Durch Gleichsetzen der Angebots- und Nachfragefunktion erhält man Gleichgewichtspreis und -menge (p_0 und q_0):

$$q^S = q^D$$

$$\frac{1}{3}p - \frac{1}{6} = -\frac{1}{2}p + 5$$

$$p_0 = \frac{31}{5} = 6{,}2$$

$$q_0 = \frac{19}{10} = 1{,}9$$

Die Steigungen der Kurven sind:

für die Angebotsfunktion $\frac{dq^S}{dp} = \frac{1}{3}$

für die Nachfragefunktion $\frac{dq^D}{dp} = -\frac{1}{2}$

Somit gilt:

$$e_{q^S,p} = \frac{1}{3} \cdot \frac{6{,}2}{1{,}9} > e_{q^D,p} = -\frac{1}{2} \cdot \frac{6{,}2}{1{,}9}$$

Das Gleichgewicht ist stabil.

2. Modell: Angebots- und Nachfragefunktion werden wiederum gleichgesetzt:

$$q^S = q^D$$

$$\ln p_0 = 2\,(\ln p_0 - \ln 2) = 2 \ln p_0 - 2 \ln 2$$

$$\ln p_0 = 2 \ln 2$$

$$p_0 = 4$$

$$q_0 = \ln 4 = 1{,}4$$

Die Steigungen der Kurven können durch Differentiation ermittelt werden:

für die Angebotsfunktion $\frac{dq^S}{dp} = \frac{1}{p}$

für die Nachfragefunktion $\frac{dq^D}{dp} = \frac{2}{p}$

Für die Elastizitäten gilt daher:

$$e_{q^S,p} = \frac{1}{p} \cdot \frac{4}{1{,}4} < e_{q^D,p} = \frac{2}{p} \cdot \frac{4}{1{,}4}$$

Es handelt sich um ein labiles Gleichgewicht.

Teil d: Im 1. Modell ergeben sich für die Angebots- und Nachfragefunktion folgende Werte:

Angebotsfunktion $q^S = \frac{1}{3}p - \frac{1}{6}$	
p	q
0,5	0
2	0,5
5	1,5

Nachfragefunktion $q^D = -\frac{1}{2}p + 5$	
p	q
0	5
2	4
10	0

Die Graphik ergibt den Schnittpunkt R = (p_0; q_0) = (6,2; 1,9) in Übereinstimmung mit der Rechnung im Teil (c).

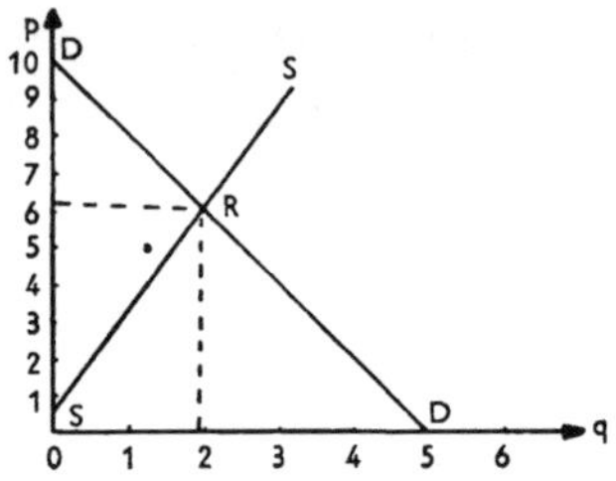

Angebots- und Nachfragefunktion zeigen den typischen Verlauf.

Im 2. Modell können für beide Kurven folgende Wertepaare errechnet werden:

Angebotsfunktion $q^S = \ln p$	
p	q
1	0
2	0,7
3	1,1
4	1,4
5	1,6
6	1,8
...	...

Nachfragefunktion $q^S = 2\,(\ln p - \ln 2)$	
p	q
2	0
3	0,8
4	1,4
5	1,8
6	2,2
7	2,4
...	...

Der Schnittpunkt R = (p_0; q_0) = (4; 1,4) stimmt ebenfalls mit den in Teil (c) errechneten Werten überein:

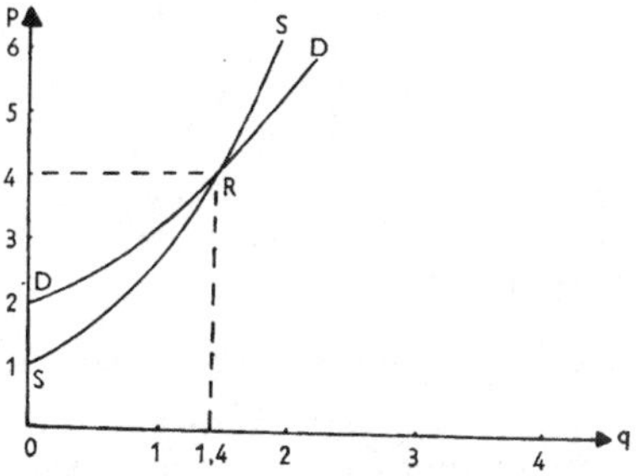

Die Nachfragefunktion zeigt jetzt einen a-typischen Verlauf (Giffen-Fall, Snob-Effekt).

Aufgabe 23

Die Preisrelationen bringen die Tauschverhältnisse der Mengen verschiedener Güter zum Ausdruck und geben an, wieviel eine Einheit des betreffenden Gutes kostet (in Geld ausgedrückt).

Z. B.: Wenn für 1 DM entweder 5 Einheiten des Gutes I, 4 Einheiten des Gutes II oder 2 Einheiten des Gutes III gekauft werden können, so gilt:

$$1 = 5 \cdot 0{,}20 = 4 \cdot 0{,}25 = 2 \cdot 0{,}50$$

und für das Verhältnis der Preise:

$$p_{I} : p_{II} : p_{III} = 0{,}20 : 0{,}25 : 0{,}50$$

Das Preisniveau (P) ist durch die Kaufkraft (den Wert) des Geldes (B) bestimmt:

$$P = \frac{1}{B}$$

Wird das einfache arithmetische Mittel (ohne Gewichtung) gebildet, so wäre im vorigen Beispiel das Preisniveau:

$$P = \frac{0{,}20 + 0{,}25 + 0{,}50}{3} = 0{,}316$$

bzw. die Kaufkraft:

$$B = \frac{1}{P} = 3{,}17$$

Wenn sich die einzelnen Güterpreise in gleicher Proportion ändern, z. B. verdreifachen, so variieren die Preisrelationen nicht:

$$p_{I} : p_{II} : p_{III} = 0{,}60 : 0{,}75 : 1{,}50 = 0{,}20 : 0{,}25 : 0{,}50$$

Dagegen ist das Preisniveau um das Dreifache gestiegen bzw. die Kaufkraft um das Dreifache gesunken:

$$P = \frac{0{,}60 + 0{,}75 + 1{,}50}{3} = 0{,}948$$

$$B = \frac{1}{P} = 1{,}06$$

Aufgabe 24

Von ‚logischen Gesetzen' des wirtschaftlichen Geschehens kann gesprochen werden, wenn Aussagen über gewisse Tendenzen des menschlichen Verhaltens unter bestimmten Bedingungen gemacht werden (A. Marshall). Beispiel: Das ‚Cournot'sche Theorem' bringt zum Ausdruck, daß unter der Zielsetzung der Gewinnmaximierung ein Unternehmer die Absatzmenge anbieten wird, für die die Bedingung Grenzkosten gleich Grenzerlös erfüllt ist. Dieses ‚logische Gesetz' gilt auch, wenn durch die Empirie ein anderes Unternehmerverhalten festgestellt wird.

Die ‚empirischen Gesetze' bauen auf der Beobachtung und statistischen Erfassung der ökonomischen Realität auf; sie haben Wahrscheinlichkeitscharakter. Beispiel: Die Gesetze von Engel und Schwabe besagen, daß die Ausgaben für Nahrungsmittel bzw. Wohnungszwecke mit steigendem Einkommen relativ abnehmen (innerhalb gleicher sozialer Schichten). Es sind Gesetze, die auf Grund statistischer Erhebungen festgestellt wurden;

sie können durch neue Untersuchungen jederzeit widerlegt werden.

Aufgabe 25

Nach Adam Smith (1723—1790) ist der Gebrauchswert eines Gutes durch die Fähigkeit, Bedürfnisse zu befriedigen, bestimmt; Smith spricht von der ‚objektiven Nützlichkeit' eines Gutes.

Dieser Gebrauchswert ist die Voraussetzung für den Tauschwert, der dem Preis auf dem Markt entspricht und bei vermehrbaren Gütern im primitiven Zustand durch die aufgewendete Arbeitszeit (Arbeitswertlehre), im entwickelten Zustand durch die Produktionskosten (objektivistische Wertlehre) determiniert ist. Bei den sog. Monopolgütern bestimmt allein die Nachfrage den Marktpreis.

Nach Karl Marx (1818—1883) ist der Gebrauchswert der Wert des vom Arbeiter erstellten Gutes, der auf dem Markt erzielt wird.

Der Tauschwert entspricht dem Kostenpreis der Ware Arbeit (Lebenshaltungskosten), d. h. der Arbeitsmenge, die aufgewendet werden muß, um die Güter zu produzieren, die der Arbeiter (einschl. Familie) in einer bestimmten Zeit benötigt, um sein Existenzminimum zu sichern.

Der Mehrwert ist gleich der Differenz von Gebrauchswert und Tauschwert. Dieser Überschuß wird nach Marx durch Arbeit geschaffen und vom Kapital angeeignet (‚surplus' als Ausbeutung), da nur die Arbeit produktiv ist. Die Arbeit schafft mehr, als zu ihrer eigenen Reproduktion benötigt wird, da der Arbeiter eine ‚notwendige Arbeit' und eine ‚Mehrarbeit' leistet; für letztere wird er nicht entlohnt, da der Kapitalist nur die notwendige Arbeit bezahlt.

Der Gebrauchswert und der Tauschwert sind natürliche, ‚gerechte' Preise, denn die Ausbeutung geschieht nicht bei der Bezahlung der Ware Arbeit, sondern in der Produktion, in der der Mehrwert geschaffen wird.

Teil II: Haushalte, Unternehmungen, Marktformen

Aufgabe 1

Der Wirtschaftsplan eines Haushalts besteht aus dem Erwerbswirtschaftsplan (Beschaffung von Einkommen), dem Verbrauchswirtschaftsplan (Verwendung von Einkommen) und dem Plan über die Verwendung des Vermögens.

Der Einkommenserwerb erfolgt durch das Erbringen marktbewerteter Leistungen an andere Haushalte, an Unternehmungen und an den Staat. Dazu kommen Einkommen, die nicht durch Leistungen erzielt werden (Zinsen, Transferzahlungen usw.).

Die Einkommensverwendung geschieht durch den Kauf von Gütern (Konsum) oder durch die Bildung von Vermögen (Sparen).

Das Vermögen kann verwendet werden durch Wahl und Veränderung der Anlageform bzw. durch Entsparen.

Aufgabe 2

Teil a: Die marginale Konsumquote (b) gibt an, wie sich die Größe des Konsums ändert, wenn das Volkseinkommen um eine infinitesimale (marginale) Größe variiert.

Mathematisch gesehen entspricht die marginale Konsumquote dem Differentialquotienten (der ersten Ableitung der Konsumfunktion):

$$b = \frac{dC}{dY}$$

Teil b: Die Aussage, daß die marginale Konsumquote positiv ist,

$$\frac{dC}{dY} > 0$$

beinhaltet, daß der Konsum eine steigende Funktion des Volkseinkommens ist. Mit wachsendem Volkseinkommen wird die Nachfrage nach Konsumgütern zunehmen.

In der Graphik ergibt sich als Konsumkurve eine Gerade, da die marginale Konsumquote — die ein Maß für die Steigung der Konsumfunktion ist — bei wachsendem Volkseinkommen nicht variieren soll:

$$\frac{dC}{dY} = \text{konst.}$$

Die Konsumgerade verläuft flacher als die 45-Grad-Linie (die Winkelhalbierende im Quadranten), denn die Steigung der Konsumfunktion soll kleiner als eins sein:

$$\frac{dC}{dY} < 1$$

Aufgabe 3

Für beide Konsumfunktionen werden Wertetabellen gebildet:

$C_1 = 30 + 0{,}5 \cdot Y$	
Y	C_1
0	30
20	40
40	50
60	60
..	..

$C_2 = 20 + 0{,}75 \cdot Y$	
Y	C_2
0	20
20	35
40	50
80	80
..	..

In die Graphik werden beide Konsumfunktionen und die 45-Grad-Linie eingezeichnet.

Das Basiseinkommen ergibt sich jeweils durch den Schnittpunkt der Konsumgeraden mit der 45-Grad-Linie (Y = C):

$$Y_0^1 = 60 = C_0^1$$

$$Y_0^2 = 80 = C_0^2$$

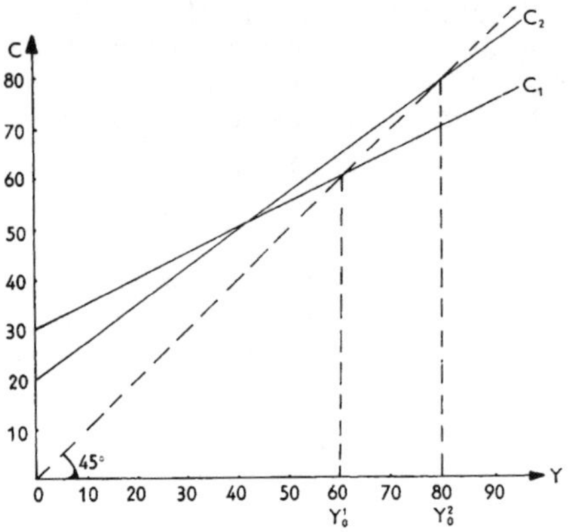

Diese Werte stimmen mit den in den obigen Wertetabellen errechneten Größen überein.

Aufgabe 4

Teil a: Zur Bestimmung der Gleichung der Konsumfunktion wird die Zwei-Punkte-Formel benutzt:

$$\frac{C - C_1}{Y - Y_1} = \frac{C_1 - C_2}{Y_1 - Y_2}$$

Die gegebenen Wertepaare P_1 ($C_1 = 100$; $Y_1 = 60$) und P_2 ($C_2 = 140$; $Y_2 = 120$) werden eingesetzt:

$$\frac{C - 100}{Y - 60} = \frac{100 - 140}{60 - 120} = \frac{40}{60} = \frac{2}{3}$$

$$C - 100 = \frac{2}{3} \cdot (Y - 60)$$

Daraus folgt die Gleichung der Konsumfunktion:

$$C = \frac{2}{3} \cdot Y + 60$$

Die Sparfunktion hat dann die Steigung s = 1/3 (da gilt: s + b = 1) und beginnt im Abstand — a = — 60 auf der Ordinate:

$$S = \frac{1}{3} \cdot Y - 60$$

Teil b: Zur graphischen Darstellung beider Funktionen wird zunächst eine Wertetabelle gebildet:

Y	C	S
0	60	—60
60	100	—40
120	140	—20
180	180	0
...	...	...

Die Graphik zeigt folgendes Bild:

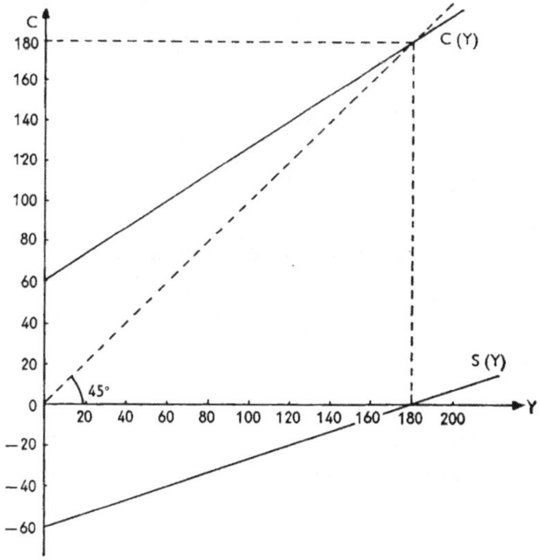

Aufgabe 5

Teil a: Die Elastizität des Konsums in bezug auf Veränderungen des Volkseinkommens ist durch das Verhältnis der relativen Änderung des Konsums (der abhängigen Variablen) zur relativen Änderung des Volkseinkommens (der unabhängigen Variablen) gegeben:

$$e_{C,Y} = \frac{dC}{C} : \frac{dY}{Y}$$

Durch eine einfache Umformung dieser Gleichung kann die Elastizität auch durch das Verhältnis von marginaler zu durchschnittlicher Konsumquote ausgedrückt werden:

$$e_{C,Y} = \frac{dC}{dY} : \frac{C}{Y} = b : \beta$$

Die durchschnittliche Konsumquote ist für Y = 200:

$$\beta = \frac{C}{Y} = \frac{3/4 \cdot 200 + 200}{200} = 1{,}75$$

Als Größe der Elastizität für Y = 200 ergibt sich demnach:

$$e_{C,Y} = \frac{b}{\beta} = \frac{0{,}75}{1{,}75} = \frac{3}{7}$$

Teil b: Für das Basiseinkommen gilt:

$$Y_0 = C_0 = \frac{3}{4} \cdot Y_0 + 200$$

$$Y_0 = 800$$

Aufgabe 6

Teil a: Die durchschnittliche Konsumquote ist durch das Verhältnis Konsum zu Volkseinkommen definiert:

$$\beta = \frac{C}{Y}$$

Es wird die gegebene Gleichung der Konsumfunktion eingesetzt:

$$\beta = \frac{0{,}9 \cdot Y + 100}{Y} = 0{,}9 + \frac{100}{Y}$$

Für die verschiedenen Einkommenshöhen können folgende Werte der durchschnittlichen Konsumquote berechnet werden:

Y	β
0	∞
50	2,9
100	1,9
200	1,4
300	1,23
400	1,15
500	1,1
...	...

Teil b: In der Graphik ergibt sich folgende Kurve $\beta = f(Y)$:

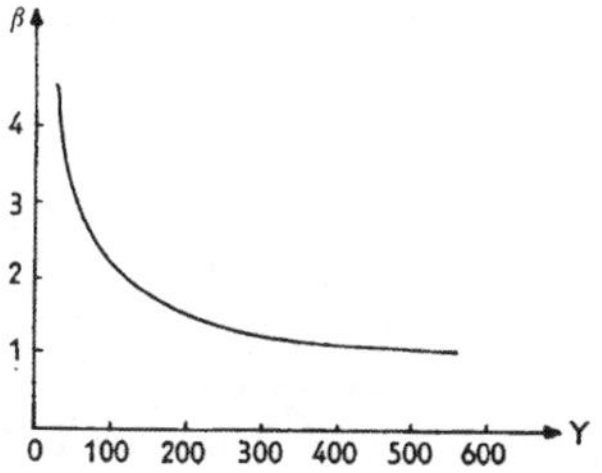

Die Kurve zeigt, daß die durchschnittliche Konsumquote mit steigendem Volkseinkommen sinkt, und zwar gemäß einer Hyperbelfunktion. Von den Beziehern höherer Einkommen wird also im Durchschnitt weniger konsumiert als von den Beziehern niedriger Einkommen.

Aufgabe 7

Teil a: Die Steigung der Konsumfunktion ist durch den Tangenswert des Steigungswinkels gegeben:

$$\mathrm{tg}\,\alpha = \mathrm{tg}\,31^\circ = 0{,}6$$

Damit ist der erste Parameter der Konsumfunktion, b, bestimmt.

Der zweite Parameter, a, wird ermittelt, indem das Basiseinkommen in die Konsumgleichung eingesetzt wird:

$$C = a + b \cdot Y$$

$$C_0 = a + b \cdot Y_0$$

$$80 = a + 0{,}6 \cdot 80 = a + 48$$

$$a = 32$$

Die Konsumfunktion lautet demnach:

$$C = 32 + 0{,}6 \cdot Y$$

Teil b: Die Elastizität des Konsums in bezug auf Einkommensänderungen als Verhältnis von marginaler zu durchschnittlicher Konsumquote

$$e_{C,Y} = \frac{dC}{dY} : \frac{C}{Y}$$

kann auch durch das Verhältnis zweier Tangenswerte ausgedrückt werden:

$$e_{C,Y} = \frac{\mathrm{tg}\,\alpha}{\mathrm{tg}\,\gamma}$$

Der Winkel α ist der Steigungswinkel; der Winkel γ ($= 42^\circ$) wird vom Fahrstrahl aus dem Nullpunkt und der positiven Richtung der Abszisse gebildet; der Tangens dieses Winkels entspricht daher der durchschnittlichen Konsumquote.

$$e_{C,Y} = \frac{\mathrm{tg}\,31^\circ}{\mathrm{tg}\,42^\circ} = \frac{0{,}6}{0{,}9} = \frac{2}{3}$$

Aufgabe 8

Aus der gegebenen Gleichung für die Konsumfunktion folgt die Gleichung für die durchschnittliche Konsumquote:

$$\beta = \frac{C}{Y} = \frac{2 \cdot Y + 28}{3 \cdot Y + 4}$$

Die marginale Konsumquote entspricht dem Differentialquotienten und ist durch die erste Ableitung gegeben (nach der Quotientenregel):

$$b = \frac{dC}{dY} = \frac{(3\,Y + 4) \cdot (4\,Y + 28) - (2\,Y^2 + 28\,Y) \cdot 3}{(3\,Y + 4)^2}$$

$$b = \frac{12 \cdot Y^2 + 84 \cdot Y + 16 \cdot Y + 112 - 6 \cdot Y^2 - 84 \cdot Y}{9 \cdot Y^2 + 24 \cdot Y + 16}$$

$$b = \frac{6 \cdot Y^2 + 16 \cdot Y + 112}{9 \cdot Y^2 + 24 \cdot Y + 16}$$

Zur graphischen Darstellung der Funktionen C (Y), β (Y) und b (Y) wird zunächst eine Wertetabelle aufgestellt:

Y	C	$\frac{C}{Y}$	$\frac{dC}{dY}$
0	0	7,00	7,00
1	4,29	4,28	2,73
2	6,40	3,20	1,68
3	7,84	2,61	1,276
4	9,00	2,25	1,062
5	10,00	2,00	0,947
8	12,57	1,57	0,795
10	14,12	1,41	0,754
20	21,20	1,06	0,691
...	...	...	...

Die Graphik zeigt folgendes Bild:

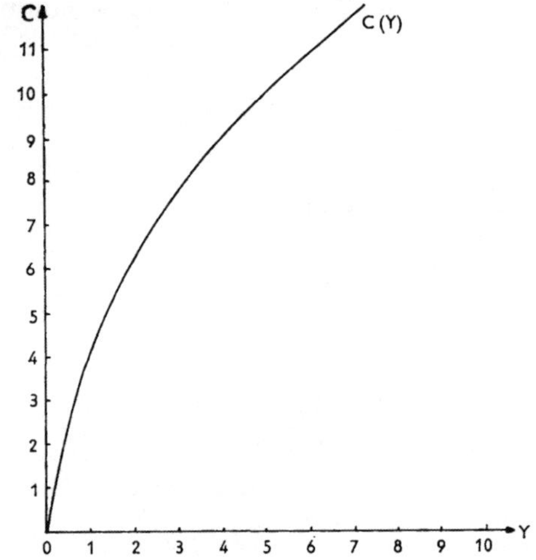

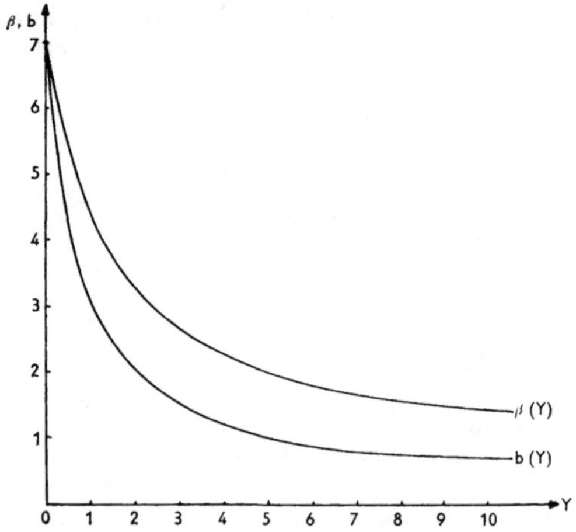

Aus der graphischen Darstellung ist ersichtlich, daß der Konsum mit wachsendem Volkseinkommen nicht mehr linear, sondern unterlinear ansteigt. Die Änderungsrate des Konsums (b) und die durchschnittliche Konsumquote (β) nehmen mit steigendem Einkommen ab (Hyperbelfunktion). Darin kommt die Keynes'sche Annahme zum Ausdruck, daß — ceteris paribus — die Größe der Konsumausgaben bei höherem Einkommen zwar steigt, daß jedoch der Anteil der Konsumausgaben am Einkommen fällt.

Aufgabe 9

Die gegebene Nachfragefunktion wird zunächst nach dem Preis, p, aufgelöst, da die Ausgaben und Grenzausgaben in Abhängigkeit von der Produktmenge, q, dargestellt werden sollen:

$$q = 6 - \frac{3}{2} \cdot p$$

$$p = 4 - \frac{2}{3} \cdot q$$

Die Ausgaben (A) sind gleich der monetären Nachfrage:

$$A = p \cdot q = 4 \cdot q - \frac{2}{3} \cdot q^2$$

Durch Differentiation nach q können daraus die Grenzausgaben (GA) abgeleitet werden:

$$GA = \frac{dA}{dq} = 4 - \frac{4}{3} \cdot q$$

Zur graphischen Darstellung der Kurven wird eine Wertetabelle gebildet:

q	p	A	GA
0	4	0	4
1	3,33	3,33	2,67
2	2,67	5,33	1,33
3	2	6	0
4	1,33	5,33	−1,33
5	0,67	3,33	−2,67
6	0	0	−4

Die Kurven werden in ein Diagramm eingezeichnet, in dem auf der Abszisse die Produktmenge (q) und auf der Ordinate die Ausgaben (A), Grenzausgaben (GA) und der Preis (p) abgetragen werden:

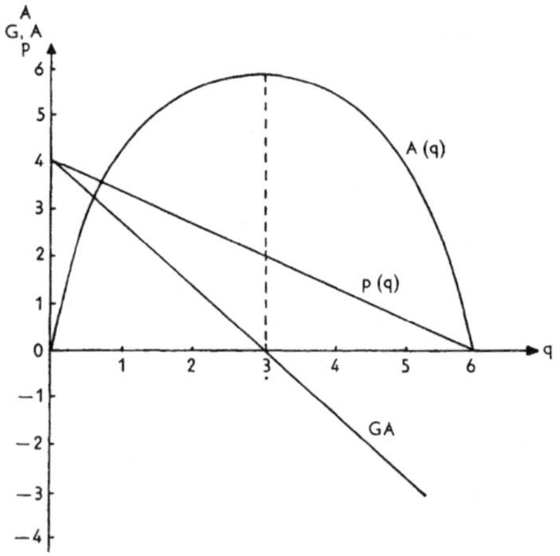

Es ist erkennbar, daß bei positiven (negativen) Grenzausgaben die gesamten Ausgaben zunehmen (sinken). Im Maximum der Ausgabenkurve sind die Grenzausgaben gleich Null.

Aufgabe 10

Die ‚ceteris-paribus-Klausel' — bezogen auf die Nachfragefunktion $p_a = f(q_a)$ — bedeutet, daß aus den vielen Größen, die die Höhe der Nachfrage nach einem Gut a bestimmen könnten, nur der Preis dieses Gutes als veränderliche Größe herausgegriffen wird. Alle anderen Einflußgrößen (z. B. die Preise anderer Güter, das Einkommen, Erwartungsgrößen usw.) werden als konstant angenommen (‚Datenkranz'), wenn der Preis und damit die Nachfrage nach dem Gut a variieren.

Mathematisch gesehen ist nur der Preis ‚unabhängige Variable', während alle anderen Bestimmungsgrößen der Nachfrage ‚Parameter' sind, d. h. Größen, die für eine bestimmte Funktion (Kurve) fest sind und deren Variation eine neue Funktion entstehen läßt bzw. eine Kurvenverlagerung bewirkt. Diese Größen scheiden damit nicht aus der Betrachtung aus; sie werden lediglich unter einem anderen ‚Blickwinkel' betrachtet.

Aufgabe 11

Teil a: Die Aussage bezieht sich auf die Bewegung auf einer Nachfragekurve (DD); wenn die unabhängige Variable, der Preis, variiert, so ändert sich auch die abhängige Variable, die Menge des Gutes, bei Konstanz aller anderen Größen.

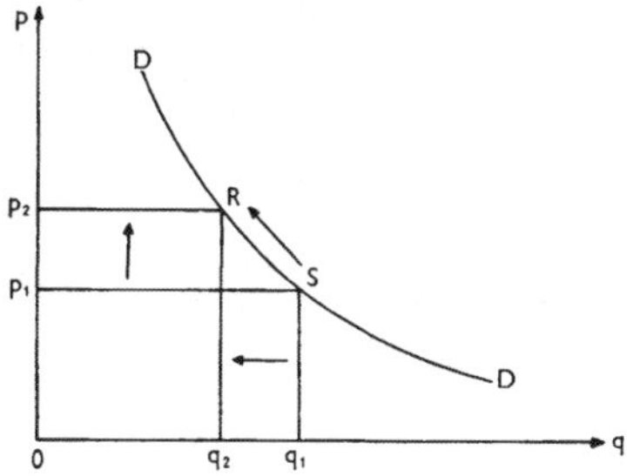

Der Preis ist von p_1 auf p_2 gestiegen, die Nachfragemenge hat sich von q_1 auf q_2 vermindert. Das entspricht einer Bewegung von S nach R auf der Nachfragekurve DD.

Teil b: Diese Aussage beinhaltet eine Verlagerung der Nachfragekurve nach rechts infolge einer Verbesserung der Nachfragebedingungen (Änderung eines Parameters).

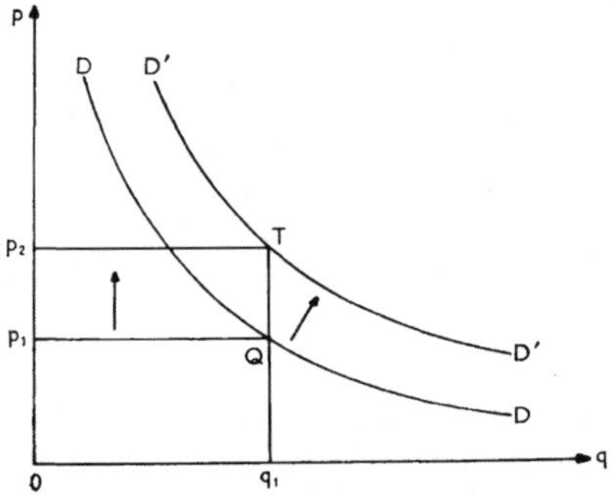

Bei der Verschiebung der Nachfragekurve von DD in die Lage D'D' („die Nachfrage stieg") erhöht sich der Preis von p_1 auf p_2 bei gleichbleibender Nachfragemenge q_1 (Bewegung von Q auf der Nachfragekurve DD nach T auf der Nachfragekurve D'D').

Aufgabe 12

Teil a: Durch Differentiation von y (x) nach x ergibt sich die erste Ableitung:

$$y'(x) = \frac{dy}{dx} = \frac{1}{3} \cdot 3 \cdot x^2 - 3 = x^2 - 3$$

Der Scheitelpunkt dieser Parabel liegt nicht im Nullpunkt, sondern im Punkt (—3) der y'-Achse:

x	y'
0	−3
±1	−2
±2	1
±3	6
...	...

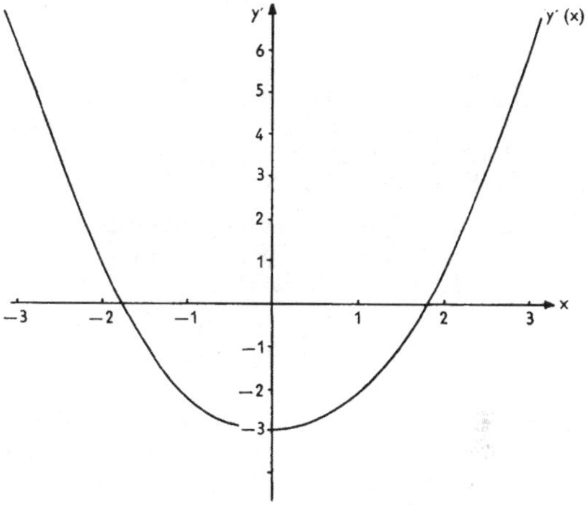

Teil b: Die Elastizität der Variablen y in bezug auf die Variable x ist durch das Verhältnis der relativen Änderung der abhängigen Variablen zur relativen Änderung der unabhängigen Variablen gegeben:

$$e_{y,x} = \frac{dy}{y} : \frac{dx}{x} = \frac{dy}{dx} \cdot \frac{x}{y} = y' \cdot \frac{x}{y}$$

Für den Elastizitätsausdruck kann also auch das Produkt aus Differentialquotient und Kehrwert des ‚Durchschnittswertes' geschrieben werden. Die Gleichungen für y und y' werden eingesetzt:

$$e_{y,x} = (x^2 - 3) \cdot \frac{x}{\left(\frac{1}{3} \cdot x^3 - 3 \cdot x\right)}$$

Für x = 2 ergibt sich ein Elastizitätswert von e = —3/5:

$$e_{y,x} = (4 - 3) \cdot \frac{2}{\left(\frac{8}{3} - 6\right)} = -\frac{3}{5}$$

Aufgabe 13

Teil a: Iso-elastische Kurven y = f (x) sind dadurch gekennzeichnet, daß die Elastizität der Variablen y in bezug auf Änderungen der Variablen x an jedem Punkt der Kurve die gleiche Größe hat.

Teil b: Zur Ableitung einer allgemeinen Formel der iso-elastischen Kurven wird die Bedingung gesetzt, daß die Elastizität konstant (k) ist:

$$e_{y,x} = \frac{dy}{y} : \frac{dx}{x} = k$$

Die Konstante k ist ein Parameter in dieser Gleichung, der die Werte von $-\infty$ bis $+\infty$ annehmen kann.

Die umgeformte obige Gleichung

$$\frac{dy}{y} = k \cdot \frac{dx}{x}$$

ist eine homogene Differentialgleichung erster Ordnung, deren Integration als Lösung eine Schar von Funktionen ergibt, die sämtlich iso-elastisch sind. Die Funktionen unterscheiden sich durch verschiedene Größen des Parameters k und unterschiedliche Größen einer Integrationskonstanten.

Die Gleichung wird integriert:

$$\int \frac{1}{y} \cdot dy = k \cdot \int \frac{1}{x} \cdot dx$$

$$\ln y + C_1 = \ln x + C_2$$

Die Integrationskonstanten C_1 und C_2 werden zusammengefaßt:

$$C_2 - C_1 = \ln C$$

Durch Einsetzen folgt:

$$\ln y = k \cdot \ln x + \ln C = \ln x^k + \ln C = \ln (C \cdot x^k)$$

Mit der Zahl e (e = 2,71828...), der Basiszahl des natürlichen Logarithmus, wird potenziert:

$$e^{\ln y} = y$$

$$e^{\ln (C \cdot x^k)} = C \cdot x^k$$

Die Lösung der Differentialgleichung lautet demnach:

$$y = C \cdot x^k$$

Durch diese Gleichung mit einer beliebigen Integrationskonstanten C und dem Parameter k (als Größe der Elastizität) werden alle möglichen iso-elastischen Kurven erfaßt.

Teil c: Sollen alle iso-elastischen Kurven dargestellt werden, die durch einen beliebigen Punkt P_1 (y_1; x_1) des Koordinatensystems gehen, so gilt die obige Gleichung der iso-elastischen Kurven selbstverständlich auch für diesen Punkt:

$$y_1 = C \cdot x_1^k$$

Die Konstante C ist damit determiniert:

$$C = \frac{y_1}{x_1^k}$$

Die allgemeine Formel aller iso-elastischen Kurven durch den Punkt P_1 (y_1; x_1) hat daher die Form:

$$y = \frac{y_1}{x_1^k} \cdot x^k$$

Die Konstante C ist jetzt durch die Koordinaten des Punktes P_1 und durch den Parameter k eindeutig bestimmt. Da k alle Werte von $-\infty$ bis $+\infty$ annehmen kann, ergeben sich unendlich viele iso-elastische Kurven, die sich im Punkt P_1 schneiden.

Teil d: Eine völlig unelastische Kurve ist definiert durch

$$e_{y,x} = 0$$

Diese Kurve verläuft parallel zur Achse der unabhängigen Variablen (hier: x-Achse):

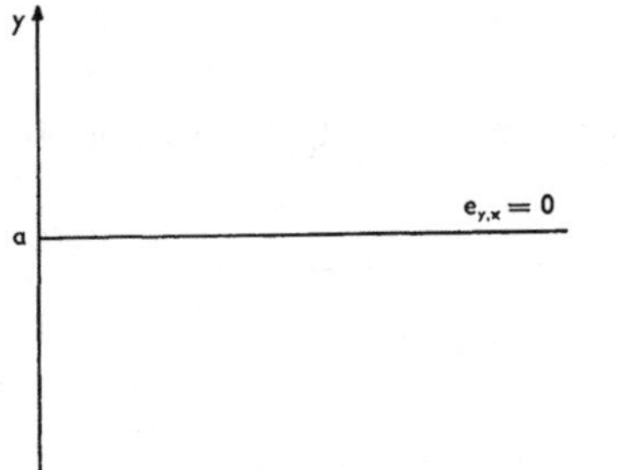

Diese Parallele möge die y-Achse im Punkt a schneiden, so daß ihre Gleichung lautet:

$$y = a$$

Die erste Ableitung ist dann:

$$\frac{dy}{dx} = 0$$

Also hat auch die Elastizität die Größe Null:

$$e_{y,x} = \frac{dy}{dx} \cdot \frac{x}{y} = 0$$

Die völlig elastische Kurve mit einer unendlich großen Elastizität verläuft parallel zur Achse der abhängigen Variablen (hier: y-Achse):

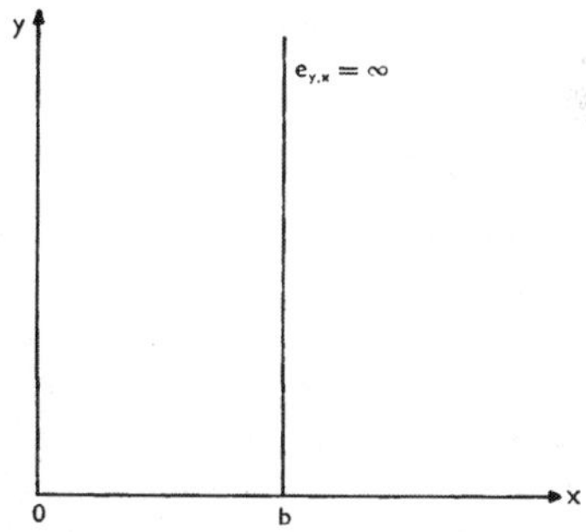

Wird die x-Achse im Punkt b geschnitten:

$$x = b,$$

so gilt:

$$\frac{1}{e_{y,x}} = \frac{dx}{dy} \cdot \frac{y}{x} = 0 \cdot \frac{y}{x} = 0$$

und damit:

$$e_{y,x} = \infty$$

Teil e: Die gegebene Funktion

$$y = \frac{a}{\sqrt[m]{x}} = a \cdot x^{-\frac{1}{m}}$$

wird differenziert:

$$\frac{dy}{dx} = a \cdot \left(-\frac{1}{m}\right) \cdot x^{-\frac{1}{m}-1} = -\frac{a}{m} \cdot \frac{1}{\sqrt[m]{x} \cdot x}$$

Dieser Differentialquotient wird in den Elastizitätsausdruck eingesetzt:

$$e_{y,x} = \frac{dy}{dx} \cdot \frac{x}{y} = -\frac{a}{m} \cdot \frac{1}{\sqrt[m]{x} \cdot x} \cdot \frac{x \cdot \sqrt[m]{x}}{a}$$

$$e_{y,x} = -\frac{1}{m}$$

Die Elastizität der Funktion ist konstant; daher handelt es sich um eine iso-elastische Kurve.

Aufgabe 14

Teil a: Nach der sog. ‚Methode der Hyperbelschar' wird die lineare Nachfragekurve $q = f(p)$ in eine Schar gleichseitiger Hyperbeln ($q = a/p$) eingezeichnet, die eine Elastizität von $e_{q,p} = -1$ haben (iso-elastische Kurven).

Zu bemerken ist, daß in der Graphik die abhängige Variable, q, auf der Abszisse abgetragen wird:

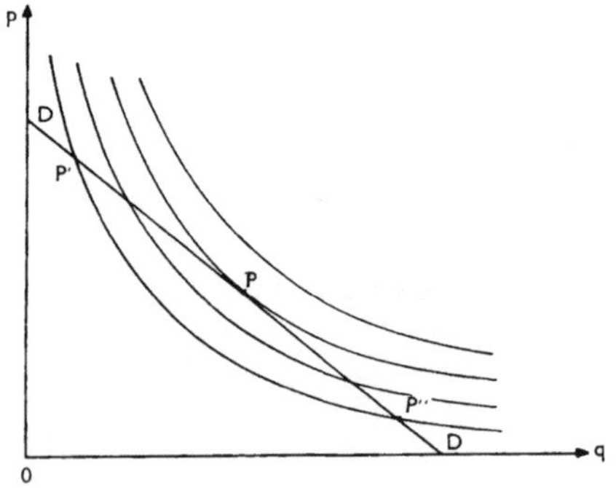

Die Nachfragekurve wird im Punkt P von einer Hyperbel tangiert. In diesem Punkt ist die Elastizität der Nachfragekurve ebenfalls gleich -1 (da Grenz- und Durchschnittswert für die Hyperbel und für die Nachfragekurve übereinstimmen).

Im Punkt P′ (links von P) ist die Hyperbel steiler, d. h. weniger elastisch als die Nachfragekurve. Der Grenzwert (dq/dp) der Hyperbel ist kleiner als der Grenzwert der Nachfragekurve; da die Durchschnittswerte (q/p) von Hyperbel und Nachfragekurve im Punkt P′ wiederum übereinstimmen, ist die Elastizität der Nachfragekurve im Punkt P′ absolut größer als die Elastizität der Hyperbel:

$$|e_{q,p}| > 1 \quad \text{bzw.} \quad e_{q,p} < -1$$

In einem Punkt P″ (rechts von P) gilt das Umgekehrte:

$$|e_{q,p}| < 1 \quad \text{bzw.} \quad e_{q,p} > -1$$

Teil b: Die nicht-lineare Angebotskurve $q = f(p)$ wird in eine Schar von Geraden eingezeichnet, die sämtlich durch den Ursprungspunkt gehen $(q = a \cdot p)$ und daher eine Elastizität von 1 haben:

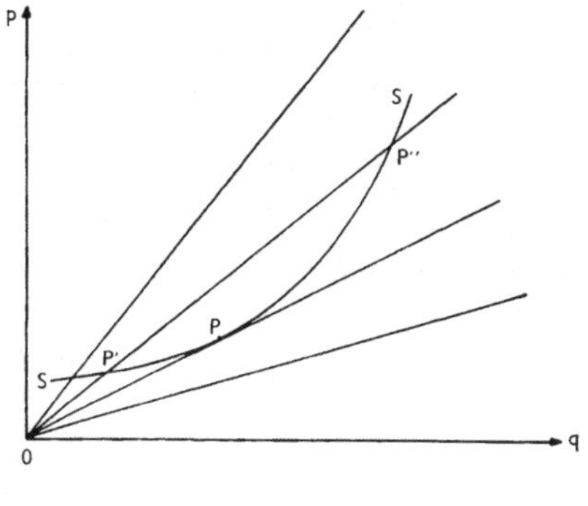

In einem Berührungspunkt P der Angebotskurve (SS) mit einer aus der Schar der Geraden ist die Preiselastizität der Angebotsmenge ebenfalls gleich 1.

In einem Punkt P′ (unterhalb von P) verläuft die Angebotskurve flacher; daher ist die Elastizität in diesem Punkt:

$$e_{q,p} > 1$$

In einem Punkt P″ (oberhalb von P) gilt das Umgekehrte:

$$e_{q,p} < 1$$

Aufgabe 15

Teil a: Die Investierungen (abhängige Variable, I) werden in Abhängigkeit vom Marktzins (unabhängige Variable, i) gesehen:

$$I = f(i)$$

Die Zinselastizität der Investierungen ist dann gleich dem Verhältnis der relativen Änderung der abhängigen Variablen (I) zur relativen Änderung der unabhängigen Variablen (i):

$$e_{I,i} = \frac{dI}{I} : \frac{di}{i}$$

Nach dem gleichen Prinzip werden die anderen Elastizitätsausdrücke gebildet:

Teil b: Abhängige Variable ist die Größe des Sparens (S), unabhängige Variable das Volkseinkommen (Y), so daß gilt:

$$e_{S,Y} = \frac{dS}{S} : \frac{dY}{Y}$$

Teil c: Abhängige Variable ist die angebotene Gütermenge (q), unabhängige Variable der Preis (p), so daß gilt:

$$e_{q,p} = \frac{dq}{q} : \frac{dp}{p}$$

Teil d: Abhängige Variable ist die Größe des Exports (X), unabhängige Variable der Wechselkurs (W), so daß gilt:

$$e_{X,W} = \frac{dX}{X} : \frac{dW}{W}$$

Teil e: Abhängige Variable ist die Ausbringungsmenge (Q), unabhängige Variable der Produktionsfaktor Kapital (K), so daß gilt:

$$e_{Q,K} = \frac{dQ}{Q} : \frac{dK}{K}$$

Teil f: Abhängige Variable sind die Kosten (K), unabhängige Variable die Ausstoßmenge (q), so daß gilt:

$$e_{K,q} = \frac{dK}{K} : \frac{dq}{q}$$

Teil g: Abhängige Variable sind die erwarteten Preise (p_e), unabhängige Variable sind die heutigen Preise (p), so daß gilt:

$$e_{p_e,p} = \frac{dp_e}{p_e} : \frac{dp}{p}$$

Aufgabe 16

Teil a: Zur graphischen Darstellung der Nachfragekurve wird eine Wertetabelle ermittelt:

p	q
0,5	20
1	5
2	1,25
3	0,55
4	0,31
...	...

In der Graphik ergibt sich eine Hyperbel:

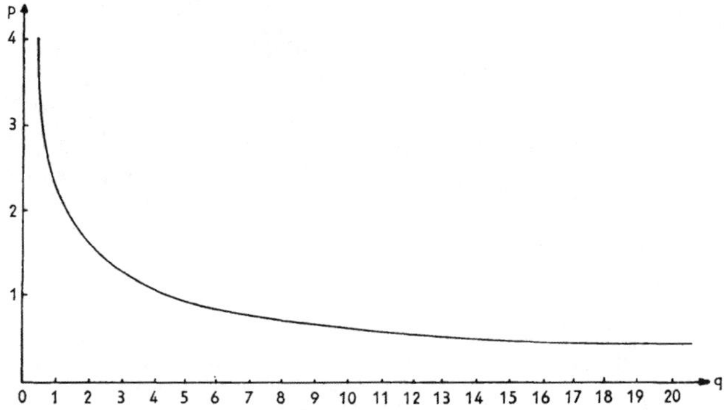

Die Elastizität der Nachfrage in bezug auf Preisänderungen wird folgendermaßen bestimmt:

$$\frac{dq}{dp} = 5 \cdot (-2) \cdot p^{-3} = -\frac{10}{p^3}$$

$$e_{q,p} = \frac{dq}{dp} \cdot \frac{p}{q} = -\frac{10}{p^3} \cdot p \cdot \frac{p^2}{5} = -2$$

Die Nachfragekurve ist iso-elastisch, da die Elastizität konstant (— 2) ist.

Teil b: Die Gleichung der Ausgabenkurve wird berechnet, indem die Nachfragekurve zunächst nach p aufgelöst wird:

$$q = \frac{5}{p^2}$$

$$p = \frac{\sqrt{5}}{\sqrt{q}}$$

$$A = p \cdot q = q \cdot \frac{\sqrt{5}}{\sqrt{q}} = \sqrt{5 \cdot q}$$

Die Graphik zeigt folgendes Bild:

q	A
1	2,24
2	3,16
3	3,87
4	4,47
5	5,00
6	5,48
...	...

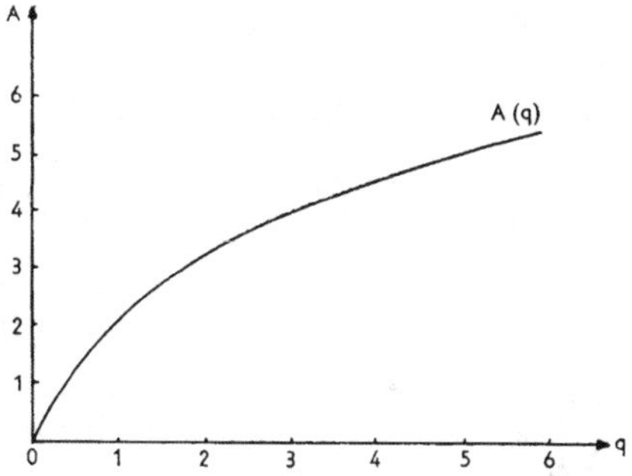

Eine ‚constant-outlay-curve' ist hier nicht gegeben, da die Ausgaben nicht konstant sind, sondern bei steigender Nachfragemenge wachsen. Marshall's ‚constant-outlay-curve' ist eine Nachfragekurve mit der Elastizität von minus eins (hier jedoch minus zwei), deren Gleichung lautet:

$$q = \frac{a}{p} \quad \text{(a ist ein Parameter)}$$

und daher:

$$A = p \cdot q = a$$

Aufgabe 17

Bei einer typischen linearen Nachfragekurve sind die Beziehungen zwischen den Ausgaben bzw. Grenzausgaben eines Haushalts für ein Gut und dem Preis dieses Gutes durch die Amoroso-Robinson-Relation gegeben:

$$GA = p \cdot \left(1 + \frac{1}{e_{q,p}}\right)$$

(GA = Grenzausgaben; p = Preis des Gutes; $e_{q,p}$ = Preiselastizität der Nachfrage).

Aus dieser Gleichung ist ersichtlich, daß es von der Größe der Preiselastizität, die bei einer typischen Nachfragekurve negativ ist, abhängt, ob die Ausgaben bei Preissenkungen zu- oder abnehmen.

Es können drei Möglichkeiten unterschieden werden:

a) Für $e_{q,p} = -1$ ist $GA = 0$; die Ausgabenkurve hat ihr Maximum.

b) Für $e_{q,p} < -1$ ist die Grenzausgabe positiv; bei sinkenden Preisen steigen die Ausgaben für das Gut.

c) Für $e_{q,p} > -1$ ist die Grenzausgabe negativ; bei sinkenden Preisen fallen die Ausgaben für das Gut.

Diese Beziehungen lassen sich in einer Graphik bzw. Tabelle darstellen:

q	p	$e_{q,p}$	GA	A
steigt	sinkt	$e < -1$	$GA > 0$	steigen
		$e = -1$	$GA = 0$	Maximum
		$e > -1$	$GA < 0$	fallen

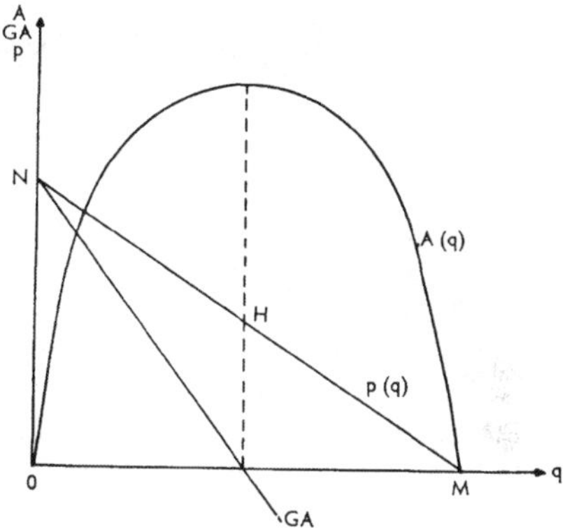

Im Punkt H der Nachfragekurve ist $e_{q,p} = -1$; die Grenzausgaben sind gleich Null.

Im Bereich HN der Nachfragekurve ist $e_{q,p} < -1$; die Grenzausgabenkurve verläuft im positiven Bereich.

Im Bereich HM der Nachfragekurve ist $e_{q,p} > -1$; die Grenzausgabenkurve befindet sich im negativen Bereich.

Aufgabe 18

Bei $A = 30$ und $q = 5$ gilt für den Preis (p):

$$p = \frac{A}{q} = 6$$

Aus der Amoroso-Robinson-Relation kann die Höhe der Grenzausgabe bei $e_{q,p} = -3$ berechnet werden:

$$GA = p\left(1 + \frac{1}{e}\right) = 6 \cdot \left(1 + \frac{1}{-3}\right) = 4$$

Aufgabe 19

Teil a: Die Einkommenselastizität der Nachfrage ist durch folgende Gleichung definiert:

$$e_{q,y} = \frac{dq}{q} : \frac{dy}{y} = \frac{dq}{dy} \cdot \frac{y}{q}$$

Für die gegebenen Zahlenwerte wird zunächst die Nachfragemenge ausgerechnet:

$$q = m + n \cdot \sqrt{y} = 10 + 2 \cdot \sqrt{484} = 54$$

Der Differentialquotient dq/dy wird folgendermaßen ermittelt:

$$\frac{dq}{dy} = n \cdot \frac{1}{2} \cdot \frac{1}{\sqrt{y}} = 2 \cdot \frac{1}{2} \cdot \frac{1}{\sqrt{484}} = \frac{1}{22}$$

Diese Größen werden in die obige Gleichung eingesetzt:

$$e_{q,y} = \frac{1}{22} \cdot \frac{484}{54} = \frac{11}{27} < 1$$

Die Elastizität ist positiv und kleiner als eins; das bedeutet, daß es sich bei dem betrachteten Gut um ein Gut ‚unelastischen Bedarfs' handelt. Bei steigendem Einkommen nimmt die Nachfrage nach dem Gut zwar absolut, aber nicht relativ zu (z. B. Nahrungsmittel oder Wohnungsausgaben, siehe Gesetze von Engel und Schwabe).

Teil b: Wenn die Nachfragefunktion die gegebene Form hat, ergibt sich eine negative Einkommenselastizität:

$$q = m + \frac{n}{\sqrt{y}}$$

$$e_{q,y} = \frac{dq}{dy} \cdot \frac{y}{q} = -\frac{n}{2} \cdot \frac{1}{y \cdot \sqrt{y}} \cdot \frac{y}{q} = -\frac{n}{2 \cdot \sqrt{y} \cdot q} < 0$$

Bei steigendem Einkommen wird die Nachfrage nach dem Gut abnehmen; es handelt sich um ein „inferiores“ Gut.

Aufgabe 20

Teil a: Die Preiselastizität für die angebotene Weizenmenge ist gegeben durch:

$$e_{q,p} = \frac{dq}{q} : \frac{dp}{p}$$

(q = Weizenmenge; p = Weizenpreis).

Nach der King'schen Regel gilt:

$$\left|\frac{dq}{q}\right| < \left|\frac{dp}{p}\right|$$

und demnach:

$$|e_{q,p}| < 1$$

Bei kleiner Preiselastizität kann von einem Gut dringenden Bedarfs mit geringer Substitutionsmöglichkeit gesprochen werden.

Teil b: Die 10%ige Verminderung der Weizenernte bedeutet ein $dq = -20$, die 30%ige Erhöhung des Preises ein $dp = 15$. Daraus ergibt sich folgende Elastizitätsgröße:

$$e_{q,p} = \frac{dq}{q} : \frac{dp}{p} = \frac{-20}{200} : \frac{15}{50} = -\frac{1}{3}$$

$$|e_{q,p}| < 1$$

Aufgabe 21

Die Kreuzpreiselastizität, d. h. die Elastizität der Nachfrage nach einem Gut a in bezug auf Preisänderungen des Gutes b,

$$e_{q_a,p_b} = \frac{dq_a}{q_a} : \frac{dp_b}{p_b}$$

kann dazu benutzt werden, um die Art der Verbundenheit der beiden Güter zu kennzeichnen.

Es sind vier Möglichkeiten zu unterscheiden:

a) $e_{q_a, p_b} < 0$: die Kreuzpreiselastizität hat das gleiche Vorzeichen wie die direkte Preiselastizität; bei fallendem Preis des Gutes b erhöht sich nicht nur die Nachfrage nach diesem Gut, sondern es steigt auch die Nachfrage nach dem Gut a. Die Güter stehen in einem Komplementaritätsverhältnis. Beispiel: Fahrräder und Fahrradklingeln.

b) $e_{q_a, p_b} > 0$: Kreuzpreiselastizität und direkte Preiselastizität haben nicht das gleiche Vorzeichen; bei fallendem Preis des Gutes b sinkt die Nachfrage nach dem Gut a, da das billiger gewordene Gut b das Gut a verdrängt. Die Güter befinden sich in einem Substitutionsverhältnis. Beispiel: Butter und Margarine.

c) $e_{q_a, p_b} = 0$: Preisänderungen des Gutes b haben auf die Nachfrage nach dem Gut a keinen Einfluß. Die Güter a und b sind im Verhältnis zueinander neutral (unverbundene Güter). Beispiel: Streichhölzer und Autos.

d) $e_{q_a, p_b} = \infty$: Bereits die kleinste Preisänderung des Gutes b beeinflußt die Nachfrage nach dem Gut a unendlich stark. Die Güter a und b sind als homogene Güter (in den Augen der Nachfrager) zu bezeichnen. Beispiel: zwei Zigarettenmarken.

Aufgabe 22

Teil a: Der Ausdruck der Kreuzpreiselastizität wird umgeformt:

$$e_{q_a, p_b} = \frac{d q_a}{d p_b} \cdot \frac{p_b}{q_a}$$

Aus der gegebenen Funktion

$$q_a = 30 - 0{,}75 \cdot p_b$$

kann die erste Ableitung bestimmt werden:

$$\frac{dq_a}{dp_b} = -0{,}75$$

Bei einem Preis von $p_b = 10$ gilt:

$$q_a = 30 - 0{,}75 \cdot 10 = 22{,}5$$

Werden diese Größen in den Elastizitätsausdruck eingesetzt, so erhält man als Ergebnis:

$$e_{q_a, p_b} = -0{,}75 \cdot \frac{10}{22{,}5} = -\frac{1}{3}$$

Teil b: Die beiden Güter a und b sind komplementär, da die Kreuzpreiselastizität das gleiche Vorzeichen wie die direkte Preiselastizität hat (negativ).

Aufgabe 23

Teil a: Die Indifferenzkurve eines Haushalts, der zwei Güter a und b nachfragt, ist gleich dem geometrischen Ort aller Gütermengenkombinationen gleicher Ophelimität. Alle Punkte auf einer Indifferenzkurve entsprechen Mengenkombinationen der beiden Güter, die in der Nutzenschätzung des Haushalts gleichwertig sind.

Werden mehrere Indifferenzkurven gezeichnet, so erhält man ein Bild der Bedarfsstruktur eines Haushalts, d. h. ein Bild der subjektiven Bewertung aller möglichen Kombinationen der beiden Gütermengen. Weiter rechts im Quadranten liegt eine Indifferenzkurve, die einen höheren Nutzenindex besitzt; sie repräsentiert Gütermengenkombinationen, die vom Haushalt vorgezogen werden.

Die Indifferenzkurven können sich weder schneiden noch berühren, da dann beide Kurven den gleichen

Ophelimitätsindex haben müßten. Deshalb verläuft durch jeden Punkt des Quadranten nur eine Kurve.

Teil b: Die einzelnen Indifferenzkurven werden in ein Koordinatenkreuz eingezeichnet, in dem auf den Achsen die beiden Gütermengen q_a und q_b abgetragen werden.

(1) Die Komplementarität der beiden Güter bedeutet, daß sie in einem festen Verhältnis zueinander stehen und sich nicht gegenseitig ersetzen können. Da bei einer partiellen Erhöhung der Nachfrage nach dem Gut a (bzw. b) kein höherer Nutzen erzielt wird, verlaufen die Indifferenzkurven rechtwinklig und parallel zu den Koordinatenachsen.

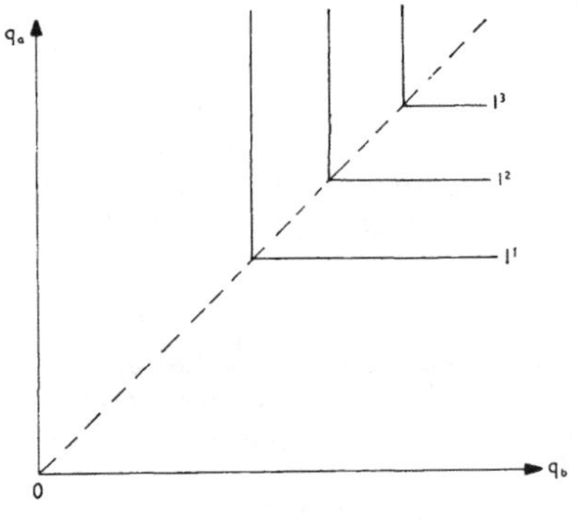

(2) Bei begrenzt substituierbaren Gütern kann eine Verminderung des Gutes a durch eine Vermehrung des Gutes b ausgeglichen werden, so daß der Nutzen der Gütermengenkombination nicht variiert. Da diese Substitutionsmöglichkeit nur in begrenztem Maße gegeben ist, können die Indifferenzkurven die Koordinatenachsen nicht erreichen. Sie verlaufen linksgekrümmt (siehe Aufgabe 24).

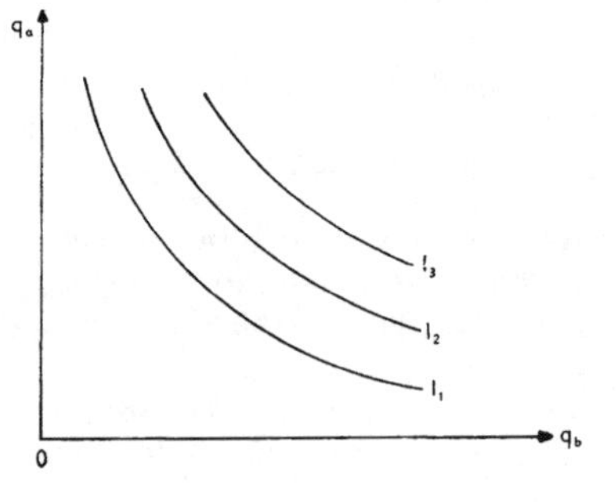

(3) Unbegrenzt substituierbare Güter können sich bei gleichbleibendem Nutzen voll ersetzen, so daß die Indifferenzkurven die Koordinatenachsen schneiden.

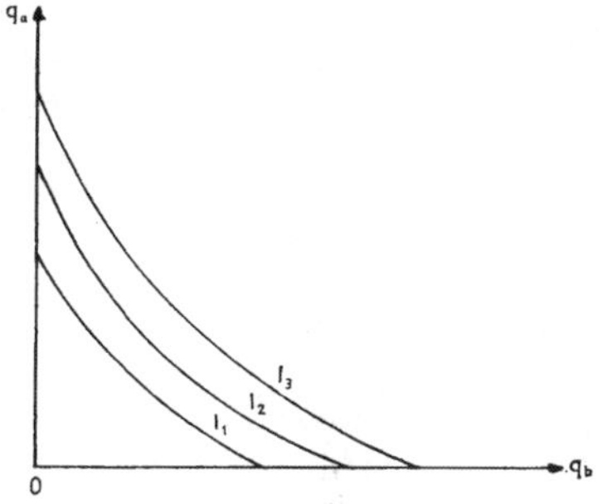

Aufgabe 24

Teil a: Unter der Grenzrate der Substitution des Gutes a durch das Gut b ist jene Menge des Gutes a zu verstehen, die von einer infinitesimalen Menge des Gutes b ersetzt werden kann, ohne daß der Nutzen der Mengenkombination sich ändert. Eine Substitution bedeutet demnach immer eine Bewegung auf einer Indifferenzkurve.

Die Grenzrate der Substitution des Gutes a durch das Gut b (g) ist mathematisch durch den Differentialquotienten gegeben, der ein Maß für die Steigung der Indifferenzkurve in einem Punkt ist:

$$g = \frac{dq_a}{dq_b}$$

Teil b: Nach dem 1. Gossen'schen Gesetz sinkt der Grenznutzen eines Gutes mit steigender Nachfragemenge.

Bei der Bewegung vom Punkt P zum Punkt P′ auf der Indifferenzkurve wird das Gut a durch das Gut b substituiert:

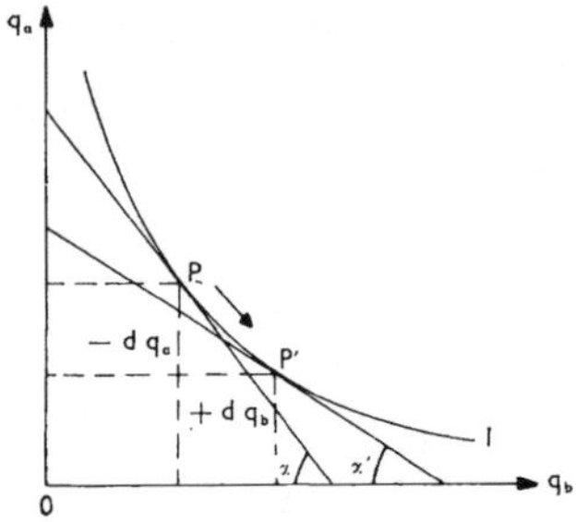

Da vom Gut b (a) mehr (weniger) nachgefragt wird, sinkt (steigt) der Grenznutzen dieses Gutes:

$$GN_a = \frac{dN}{dq_a} \quad \text{steigt}$$

$$GN_b = \frac{dN}{dq_b} \quad \text{sinkt}$$

Das Verhältnis der Grenznutzen ist gleich der umgekehrten Grenzrate der Substitution, die die Steigung der Indifferenzkurve mißt; daher wird diese Größe ebenfalls kleiner:

$$\frac{GN_b}{GN_a} = \frac{dN/dq_b}{dN/dq_a} = \frac{dq_a}{dq_b} = \operatorname{tg}\alpha \quad \text{sinkt}$$

Der Winkel α nimmt aber nur dann bei einer ständigen Substitution des Gutes a durch das Gut b ab ($\alpha > \alpha'$), wenn die Indifferenzkurve linksgekrümmt ist.

Aufgabe 25

Teil a: Aus der Formel

$$q_a = \frac{n^2}{q_b}$$

ist ersichtlich, daß sich für jeden Wert des Parameters n eine gleichseitige Hyperbel im q_a, q_b-Diagramm ergibt. Folgende Wertetabelle wird gebildet:

q_a	n = 2 q_b	n = 3 q_b	n = 4 q_b	n = 5 q_b
1	4,00	9,00	16,00	25,00
2	2,00	4,50	8,00	12,50
3	1,33	3,00	5,33	8,33
4	1,00	2,25	4,00	6,25
5	0,80	1,80	3,20	5,00
6	0,67	1,50	2,67	4,17
7	0,57	1,28	2,30	3,57
8	0,50	1,13	2,00	3,12
...	...	...	...	...

Die Graphik zeigt folgendes Bild:

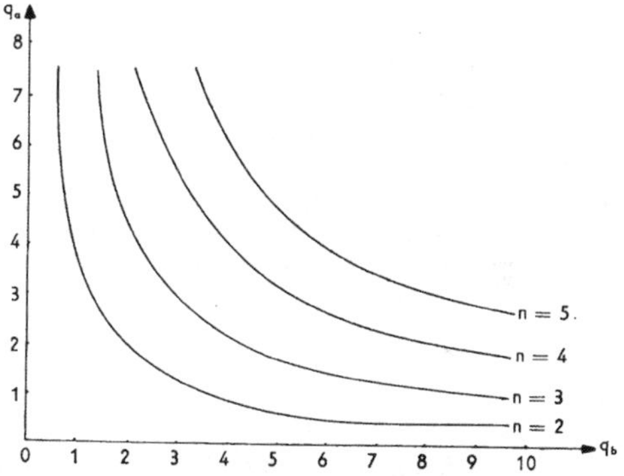

Teil b: Die Grenzrate der Substitution des Gutes b durch das Gut a ist durch die erste Ableitung gegeben:

$$g = \frac{dq_b}{dq_a} = -\frac{n^2}{q_a^2}$$

Durch Einsetzen der Werte für n und q_a erhält man folgende Größen:

q_a	$n = 3$ $g = \frac{-9}{q_a^2}$	$n = 5$ $g = \frac{-25}{q_a^2}$
3	−1,00	−2,78
5	−0,36	−1,00
6	−0,25	−0,69
8	−0,14	−0,40
...	...	...

Es ist erkenntlich, daß für jeden Wert von n, d. h. jeweils für eine bestimmte Indifferenzkurve, die Grenzrate mit wachsender Substitution (steigender Menge q_a) absolut abnimmt.

Aufgabe 26

Teil a: Die Bilanzgerade als geometrischer Ort aller Gütermengenkombinationen, die bei gegebenen Preisen für eine bestimmte Konsumsumme gekauft werden können, determiniert die Verteilungsmöglichkeiten der Konsumsumme des Haushalts auf die beiden Güter.

Die Ausgabe (monetäre Nachfrage) des Haushalts nach einem Gut ist durch das Produkt von Menge und Preis des Gutes bestimmt:

$$c_a = p_a \cdot q_a$$

bzw.

$$c_b = p_b \cdot q_b$$

Steht eine Konsumsumme c zur Verfügung, so gilt:

$$c_a + c_b = c$$

$$p_a \cdot q_a + p_b \cdot q_b = c$$

Diese Beziehung kann in eine Geradengleichung (allgemeine Form: $y = a \cdot x + b$) umgeformt werden:

$$q_a = -\frac{p_b}{p_a} \cdot q_b + \frac{c}{p_a}$$

Die Steigung der Bilanzgeraden ist negativ und durch das Verhältnis der Güterpreise gegeben; die Achsenabschnitte sind durch die Höhe der Konsumsumme und die jeweiligen Güterpreise festgelegt. Bei einer festen Konsumsumme und bei bestimmten Güterpreisen kann ein Haushalt alle Gütermengenkombinationen realisieren, die durch Punkte auf der Bilanzgeraden repräsentiert werden.

Teil b: Das Gleichgewicht des Haushalts ist durch seine Zielsetzung determiniert. In der Indifferenzkurvenanalyse wird unterstellt, daß der Haushalt bei gegebenen Güterpreisen die Konsumsumme so auf die beiden Güterarten verteilt, daß ein maximaler Gesamtnutzen erzielt wird.

In der Graphik wird in die Indifferenzkurvenschar — als Bild für die subjektive Bewertung der verschiedenen Gütermengenkombinationen seitens des Haushalts — die Bilanzgerade eingezeichnet:

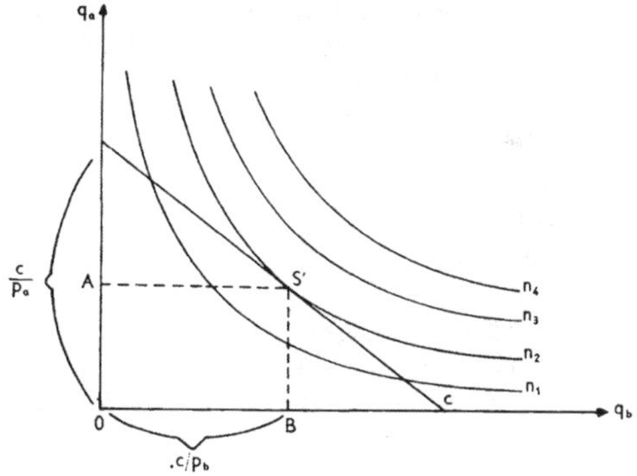

Es ist ersichtlich, daß bei vorgegebener Konsumsumme und festen Güterpreisen der Haushalt die Mengenkombination der Güter a und b wählen wird, die dem Berührungspunkt (S′) der Bilanzgeraden mit einer aus der Schar der Indifferenzkurven entspricht, denn hier ist der Ophelimitätsindex maximal (oben: n_2). Durch keine andere Gütermengenkombination kann der Haushalt bei der gegebenen Bilanzgeraden seinen Nutzen vergrößern. Deshalb wird er im Gleichgewicht die Mengen $q'_a = OA$ und $q'_b = OB$ nachfragen.

Da im Gleichgewichtspunkt die Steigung der Bilanzgeraden ($- p_b/p_a$) mit der Steigung der Indifferenzkurve ($- dq_a/dq_b$) identisch ist, gilt folgende Beziehung:

$$\frac{p_b}{p_a} = \frac{dq_a}{dq_b}$$

bzw.

$$\frac{p_a}{p_b} = \frac{GN_a}{GN_b}$$

Die Güterpreise verhalten sich wie die Grenznutzen.

Teil c: Die ‚Engel-Kurve' (‚Einkommens-Verbrauchslinie') ist die Verbindungslinie aller Gleichgewichtspunkte, die sich bei ständiger Erhöhung der Konsumsumme, aber gleichbleibenden Güterpreisen ergeben (Parallelverschiebung der Bilanzgeraden nach rechts).

Ist das Gut b ein inferiores Gut, so wird bei einer Einkommenssteigerung und damit Vergrößerung der Konsumsumme die Nachfrage nach diesem Gut abnehmen.

In der Graphik ist das dann der Fall, wenn die Indifferenzkurven oben links sehr dicht, unten rechts dagegen sehr weit auseinander verlaufen. Bei einer Erhöhung der Konsumsumme:

$$c_1 < c_2 < c_3 < \dots$$

sinkt die Nachfrage nach dem Gut b fortwährend:

$$OB > OB' > OB'' > \dots$$

Die Engelkurve verbindet die Gleichgewichtspunkte S, S′, S″ ... und verläuft von rechts unten nach links oben.

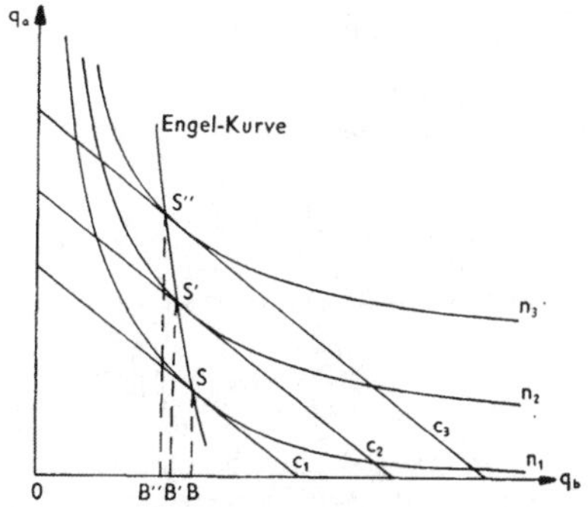

Teil d: Der ‚Snob-Effekt' besagt, daß die Nachfrage nach einem Gut bei fallendem Preis kleiner wird, wenn das Gut einen Prestigewert hat und sozialer Auszeichnung und Hervorhebung dient.

Nimmt z. B. die Nachfrage nach dem Gut a bei sinkendem Preis p_a (in der Graphik durch eine Drehung der Bilanzgeraden um den Punkt M nach rechts dargestellt) ab, so ergibt sich folgendes Bild der Indifferenzkurvenschar:

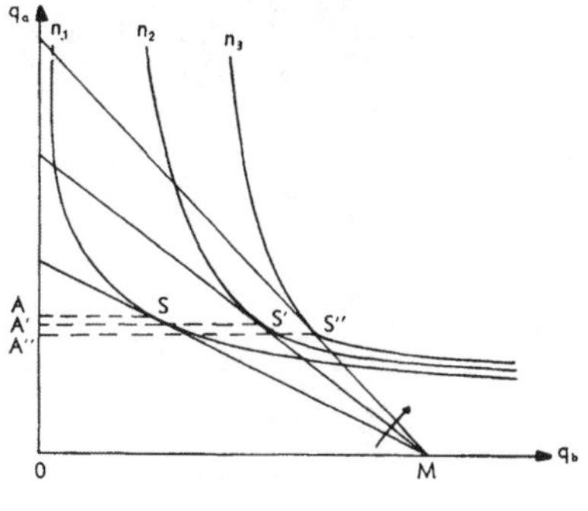

Die Nachfrage nach dem Gut a sinkt trotz fallenden Preises p_a (Bewegung: $S \rightarrow S' \rightarrow S'' \rightarrow \ldots$) ständig:

$$OA > OA' > OA'' > \ldots$$

Aufgabe 27

Teil a: In die Gleichung der Bilanzgeraden

$$q_a = -\frac{p_b}{p_a} \cdot q_b + \frac{c}{p_a}$$

werden die gegebenen Werte eingesetzt:

$$q_a = -\frac{1}{0{,}64} \cdot q_b + 14{,}5$$

Teil b: Die Grenzrate der Substitution von Gut a durch Gut b ist gleich dem Differentialquotienten, der mit Hilfe der Quotientenregel berechnet wird:

$$g = \frac{dq_a}{dq_b} = \frac{q_b \cdot 2 - (n^2 + 2 \cdot q_b) \cdot 1}{q_b^2} = -\frac{n^2}{q_b^2}$$

Für $q_b = 8$ und $n = 4$ ergibt sich:

$$g = -\frac{16}{64} = -0{,}25$$

Teil c: Das Nutzenmaximum ist im Gleichgewichtspunkt des Haushalts erreicht. Hier gilt die Bedingung, daß die Grenzrate der Substitution dem umgekehrten Preisverhältnis entspricht:

$$\frac{dq_a}{dq_b} = \frac{p_b}{p_a}$$

bzw.

$$-\frac{n^2}{q_b^2} = -\frac{1}{0{,}64}$$

Daraus folgt:

$$q_b^2 = 0{,}64 \cdot n^2$$

$$q_b = 0{,}8 \cdot n$$

Diese Beziehung wird in die Gleichung des Indifferenzkurvensystems bzw. der Bilanzgeraden eingesetzt:

$$q_a = \frac{n^2 + 1{,}6 \cdot n}{0{,}8 \cdot n} = \frac{n + 1{,}6 \cdot n}{0{,}8} \quad \text{(Indifferenzkurve)}$$

$$q_a = -\frac{1}{0{,}8} \cdot n + 14{,}5 \qquad \text{(Bilanzgerade)}$$

Durch Gleichsetzen kann die Größe n ermittelt werden:

$$\frac{n + 1{,}6}{0{,}8} = -\frac{1}{0{,}8} \cdot n + 14{,}5$$

$$n + 1{,}6 = -n + 11{,}6$$

$$n = 5$$

Der Gleichgewichtspunkt liegt auf der Indifferenzkurve mit dem Nutzenindex n = 5. Die zugehörigen Nachfragemengen der beiden Güter sind:

$$q'_a = -\frac{1}{0{,}8} \cdot n + 14{,}5 = -6{,}25 + 14{,}5 = 8{,}25$$

$$q'_b = 0{,}8 \cdot n = 4$$

Teil d: In der Gleichgewichtsbedingung wird der neue Preis des Gutes a beachtet:

$$-\frac{n^2}{q_b^2} = -\frac{1}{0{,}25}$$

$$q_b^2 = 0{,}25 \cdot n^2$$

$$q_b = 0{,}5 \cdot n$$

Diese Beziehung ist in der Indifferenzkurvengleichung und in der Bilanzgeraden zu berücksichtigen:

$$q_a = \frac{n^2 + n}{0{,}5 \cdot n} = \frac{n + 1}{0{,}5} \quad \text{(Indifferenzkurve)}$$

$$q_a = -\frac{1}{0{,}5} \cdot n + \frac{9{,}28}{0{,}25} \quad \text{(Bilanzgerade)}$$

Aus beiden Gleichungen kann wiederum der Nutzenindex berechnet werden:

$$\frac{n + 1}{0,5} = -\frac{1}{0,5} \cdot n + \frac{9,28}{0,25}$$

$$n + 1 = -n + 18,56$$

$$n = 8,78$$

Die Nachfragemengen der beiden Güter a und b sind jetzt größer:

$$q''_a = \frac{8,78 + 1}{0,5} = 19,56 > q'_a = 8,25$$

$$q''_b = 0,5 \cdot 8,78 = 4,39 > q'_b = 4$$

Auf Grund der Verringerung des Preises für Gut a ist die Nachfrage nach diesem Gut gestiegen, da der Expansions- und Substitutionseffekt in die gleiche Richtung zielen.

Das Gut b wird — obwohl der Preis dieses Gutes sich nicht geändert hat — ebenfalls verstärkt nachgefragt. Dieses Ergebnis kann dadurch erklärt werden, daß der Substitutionseffekt zwar vermindernd auf die Nachfrage nach dem Gut b wirkte, der die Nachfrage steigernde Expansionseffekt jedoch diese Wirkung überkompensiert hat, so daß insgesamt die Nachfrage nach dem Gut b zugenommen hat.

Aufgabe 28

‚Produktion' ist eine in Unternehmungen erfolgende Erstellung bzw. Bereitstellung von Gütern und Leistungen; sie erfolgt durch kombinierten Einsatz verschiedener Produktionsfaktoren und sonstiger Leistungen, die im Produktionsprozeß erforderlich sind und dem Unternehmer Kosten verursachen.

Aufgabe 29

Ein ‚Datum' ist eine Größe, die vom Unternehmer als gegeben hingenommen wird und daher von ihm nicht zu beeinflussen ist. Beispiel: der Preis beim Mengenanpasser oder die konjekturale Preis-Absatz-Funktion beim monopolistischen Anbieter.

Der ‚Aktionsparameter' wird vom Unternehmer nach eigenem Ermessen festgesetzt. Beispiel: die Menge des Produktes beim Mengenanpasser oder der Preis beim Preisfixierer.

Der ‚Erwartungsparameter' ist eine Größe, die der Unternehmer auf Grund der Festlegung seines Aktionsparameters erwarten muß; über die Fixierung des Aktionsparameters bestimmt der Unternehmer indirekt die Höhe des Erwartungsparameters. Beispiel: der Mengenfixierer muß bei gegebener Preis-Absatz-Funktion und Setzung einer gewissen Menge einen bestimmten Preis erwarten.

Aufgabe 30

Teil a: Der monetäre Rohertrag (Bruttoertrag) entspricht dem Produkt aus Menge und Preis der produzierten Güter, bezogen auf die Faktormenge. Nach Abzug der Produktionskosten ergibt sich der monetäre Reinertrag (Nettoertrag).

Teil b: Der physische Ertrag ist identisch mit der Menge des erstellten Produkts (Ausbringung, Ausstoß), ebenfalls bezogen auf die eingesetzte Faktormenge.

Teil c: Der Begriff Durchschnittsertrag kann auf den monetären oder physischen Rohertrag bezogen werden. Üblicherweise wird der physische Ertrag durch die eingesetzte variable Faktormenge (v) dividiert (siehe hierzu Ertragsgesetz):

$$DE = \frac{E}{v}$$

Teil d: Der Grenzertrag, ebenfalls meist auf den physischen Ertrag bezogen, gibt an, um welchen Betrag sich der Ertrag ändert, wenn die eingesetzte variable Faktormenge um eine marginale (infinitesimale) Größe (oft auch: um die Einheit) variiert. Mathematisch entspricht der Grenzertrag dem Differentialquotienten:

$$GE = \frac{dE}{dv}$$

Aufgabe 31

Teil a: In dem gegebenen Zahlenbeispiel ist der Grenzertrag durch den Ertragszuwachs bei einer Erhöhung der eingesetzten Faktormenge um eine Einheit bestimmt.

Der Durchschnittsertrag ergibt sich durch den Quotienten aus Ertrag und jeweiligem Faktoreinsatz.

v	E	GE	DE
1	10	10	10
2	28	18	14
3	54	26	18
4	80	26	20
5	100	20	20
6	108	8	18
7	112	4	16
8	104	− 4	13
9	90	−14	10
...	...	...	...

Teil b: In einem E, v-Diagramm wird die Ertragskurve dargestellt, indem die durch die Wertepaare gegebenen Punkte miteinander verbunden werden.

Die DE- und GE-Kurve werden in ein zweites Diagramm eingezeichnet.

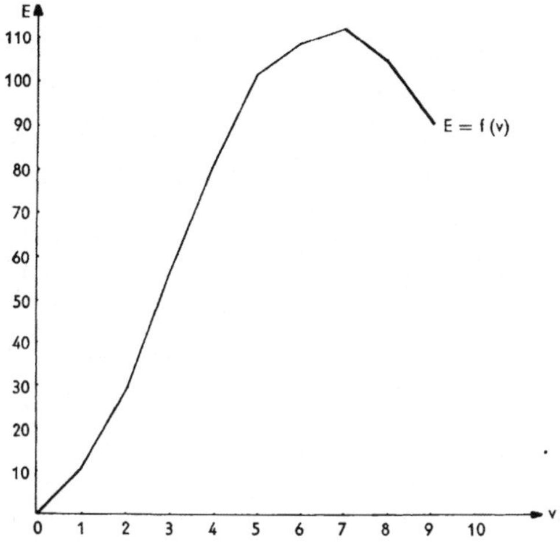
E
110
100
90
80
70
60
50
40
30
20
10
0 1 2 3 4 5 6 7 8 9 10
v
E = f (v)

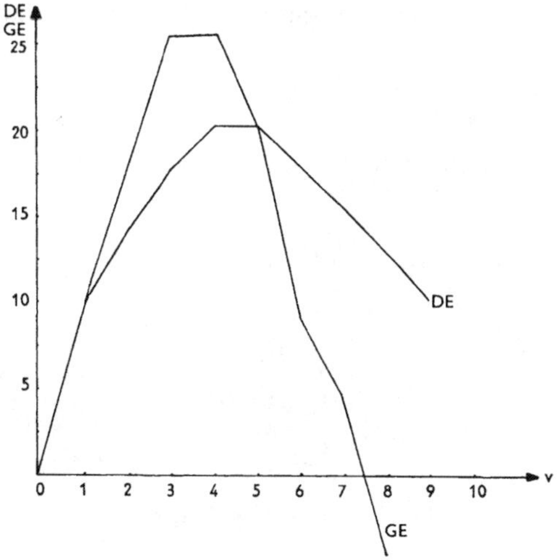
DE
GE
25
20
15
10
5
0 1 2 3 4 5 6 7 8 9 10
v
DE
GE

Der typische ertragsgesetzliche Verlauf zeigt sich in beiden Schaubildern:

Der Ertrag steigt zunächst bis zur Faktormenge $v = 3$ mit wachsender Rate, dann bis zur Faktormenge $v = 7$ mit abnehmender Rate und fällt schließlich. Bis zum Betriebsoptimum (maximaler Durchschnittsertrag bei der Faktormenge $v = 5$) nimmt der Ertrag überproportional danach unterproportional zu, um dann zu sinken.

Der Grenzertrag ist zunächst größer als der Durchschnittsertrag, erreicht sein Maximum bei $v = 3$ bzw. 4 und fällt dann. Im Betriebsoptimum bei der Faktormenge $v = 5$ sind Grenz- und Durchschnittsertrag gleich. Danach verläuft die Grenzertragskurve unterhalb der Durchschnittsertragskurve. Nach dem Maximum des Ertrags wird der Grenzertrag negativ.

Aufgabe 32

Teil a: Der Durchschnittsertrag ist gleich dem Quotienten aus Ertrag und variabler Faktormenge:

$$DE = \frac{E}{v} = \frac{1}{2} \cdot v - \frac{1}{30} \cdot v^2$$

Der Grenzertrag wird durch Differenzierung der Ertragsfunktion nach v gewonnen:

$$GE = \frac{dE}{dv} = v - \frac{1}{10} \cdot v^2$$

Teil b: Im Betriebsoptimum ist der Durchschnittsertrag maximal und gleich dem Grenzertrag. Das Maximum des Durchschnittsertrags kann bestimmt werden, indem die erste Ableitung gleich Null gesetzt wird:

$$(DE)' = \frac{d\,(DE)}{dv} = \frac{1}{2} - \frac{1}{15} \cdot v = 0$$

Daraus folgt:

$$v = 7{,}5$$

Bei dieser Faktormenge wird das Betriebsoptimum erreicht. Sie kann auch berechnet werden durch das Gleichsetzen von Grenz- und Durchschnittsertrag:

$$GE = DE$$

$$v - \frac{1}{10} \cdot v^2 = \frac{1}{2} \cdot v - \frac{1}{30} \cdot v^2$$

$$v = \frac{30}{4} = 7{,}5$$

Teil c: Zur graphischen Darstellung der Kurven des Ertrags, Grenz- und Durchschnittsertrags wird zunächst eine Wertetabelle gebildet:

v	E	GE	DE
1	0,37	0,9	0,47
2	1,73	1,6	0,87
3	3,60	2,1	1,20
4	5,87	2,4	1,47
5	8,33	2,5	1,67
6	10,80	2,4	1,80
7	13,07	2,1	1,87
8	14,93	1,6	1,87
9	16,20	0,9	1,80
10	16,67	0,0	1,67
11	16,13	−1,1	1,47
12	14,40	−2,4	1,20

Die Graphik zeigt folgendes Bild:

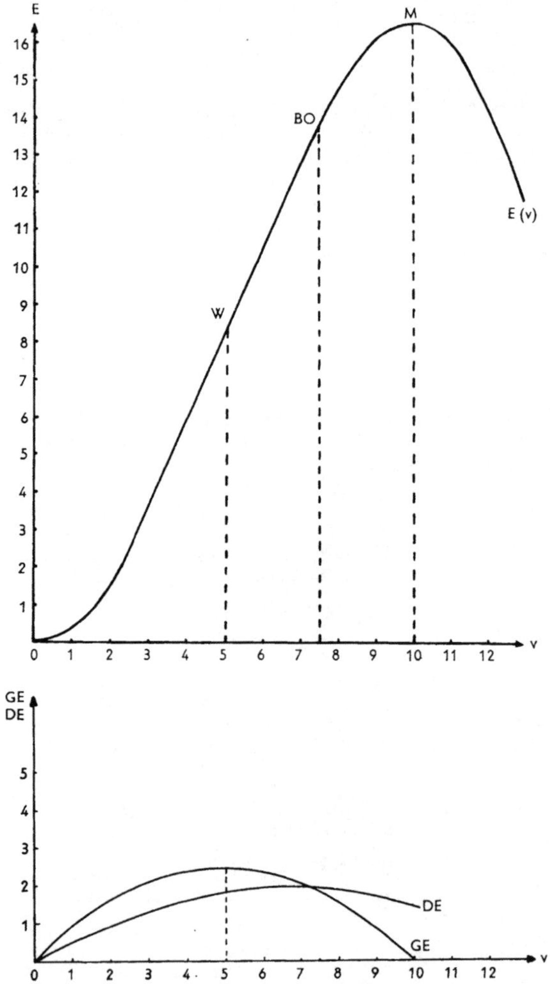
E
M
BO
W
E (v)
16
15
14
13
12
11
10
9
8
7
6
5
4
3
2
1
0 1 2 3 4 5 6 7 8 9 10 11 12
v
GE
DE
5
4
3
2
1
DE
GE
0 1 2 3 4 5 6 7 8 9 10 11 12
v

Wichtige Punkte der Ertragskurve sind:

Wendepunkt (W) bei v = 5
Betriebsoptimum (BO) bei v = 7,5
Maximum (M) bei v = 10

Im Punkt W der Ertragskurve ist der Grenzertrag maximal; im Punkt BO der Ertragskurve ist der Grenzertrag gleich dem Durchschnittsertrag, der seinen höchsten Wert erreicht; im Punkt M der Ertragskurve ist der Grenzertrag gleich Null.

Aufgabe 33

Zum Beweis wird indirekt vorgegangen: Angenommen, die Gerade FBN sei die Grenzertragskurve. Wenn bewiesen werden kann, daß dann AB = BC sein muß, so ist die Behauptung richtig, daß die Grenzertragskurve aus der Durchschnittsertragskurve durch Halbierung des Lotes CA gewonnen werden kann.

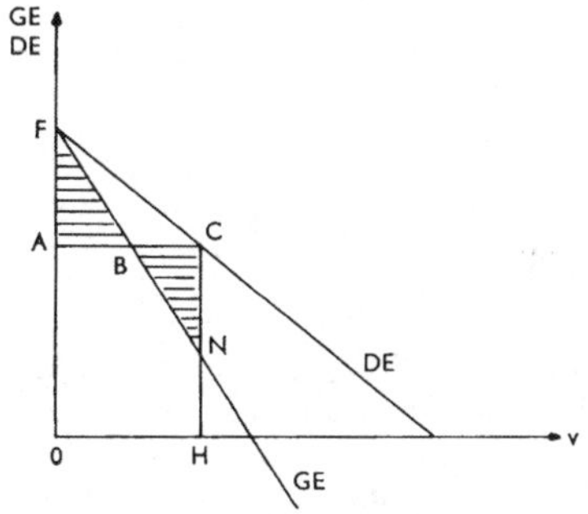

Der Gesamtertrag als Produkt von Durchschnittsertrag und Faktormenge bei der Faktormenge v = OH kann in der Graphik durch die Fläche des Rechtecks OHCA gemessen werden:

$$E = DE \cdot v = OHCA$$

Der Gesamtertrag bei der Faktormenge v = OH entspricht auch der Summe der Grenzerträge, d. h. der Fläche unter der Grenzertragskurve bis zur Faktormenge v = OH:

$$E = \Sigma\, GE = OHNF$$

Aus der Gleichheit der beiden Flächen

$$OHCA = OHNF$$

folgt die Gleichheit zweier Dreiecke:

$$\triangle\, BCN = \triangle\, FBA$$

In diesen beiden Dreiecken stimmen die Winkel überein. Deshalb sind die Dreiecke deckungsgleich:

$$\triangle\, BCN \cong \triangle\, FBA$$

Bei kongruenten Dreiecken sind die Seiten gleich, so daß gilt:

$$AB = BC$$

q. e. d.

Aufgabe 34

Eine Isoquante als der geometrische Ort aller Faktormengenkombinationen zur Herstellung einer festen Gütermenge bestimmt die technisch möglichen Kombinationen der Produktionsfaktoren (‚technische Information').

Eine Isokostenlinie dagegen gibt die Kombinationen der Produktionsfaktoren an, die bei gegebenen Preisen der Produktionsfaktoren und bei einer bestimmten geplanten Kostensumme (Ausgaben für die Produktionsfaktoren) vom Unternehmer gewählt werden können (‚wirtschaftliche Information').

Aufgabe 35

Limitationale Produktionsfaktoren stehen in einem festen Einsatzverhältnis zueinander, d. h. es ist nicht möglich, bei unveränderter Produktmenge eine Verminderung der Menge eines Produktionsfaktors (v_1) durch entsprechende Vermehrung der Menge des anderen Produktionsfaktors (v_2) auszugleichen.

Die feste Relation der Produktionsfaktoren läßt sich in einem Diagramm, in dem auf den Achsen die Mengen der Produktionsfaktoren abgetragen werden, als Fahrstrahl aus dem Ursprung darstellen; die Steigung dieses Fahrstrahls (tg α) entspricht dem Mengenverhältnis:

$$\operatorname{tg} \alpha = \frac{v_1}{v_2}$$

$q_1 < q_2 < q_3 < \ldots$

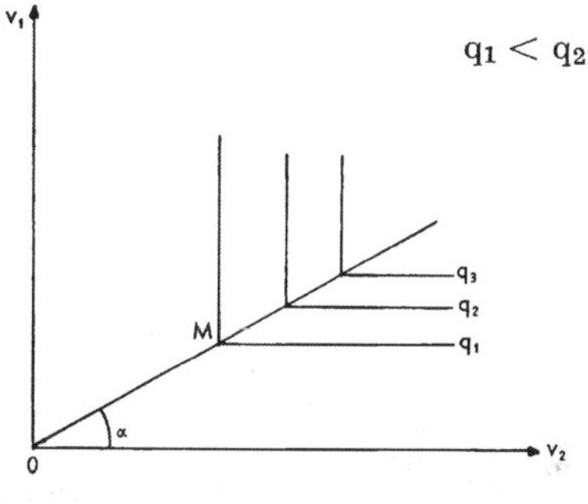

Die Punkte auf dem Fahrstrahl bedeuten unterschiedliche Mengenkombinationen der beiden Produktionsfaktoren, aber jeweils in dem fest vorgegebenen Einsatzverhältnis, zur Erstellung gewisser Produktmengen. Ausgehend von einem Punkt M auf dem Fahrstrahl, dem eine bestimmte Produktmenge (q_1) zuzuordnen ist, kann durch einseitige Erhöhung der Einsatzmenge v_1 (d. h. senkrechte Bewegung nach oben) bzw. v_2 (waagerechte Bewegung nach rechts) keine Steigerung der Produktmenge erreicht werden. Deshalb hat eine Isoquante (als der geometrische Ort aller Faktormengenkombinationen gleicher produzierter Gütermengen) eine rechtwinklige Form.

Nur im Eckpunkt einer Isoquante (d. h. auf dem Fahrstrahl) sind die Mengen beider Produktionsfaktoren voll ausgenutzt. Im senkrechten und waagerechten Teil der Isoquanten ist jeweils ein Produktionsfaktor im Überschuß vorhanden.

Diese Aussage kann durch Feststellung der Größen der Grenzproduktivitäten beider Produktionsfaktoren ergänzt werden. Unter der Grenzproduktivität eines Produktionsfaktors wird die Änderung der Produktmenge, bezogen auf eine infinitesimale Änderung der Menge eines Produktionsfaktors (bei Konstanz der Menge des zweiten Produktionsfaktors), verstanden; mathematisch entspricht die Grenzproduktivität dem partiellen Differentialquotienten:

$$GP_1 = \frac{\partial q}{\partial v_1}$$

$$GP_2 = \frac{\partial q}{\partial v_2}$$

Auf dem Fahrstrahl aus dem Ursprung (d. h. in den Eckpunkten der Isoquanten) sind die Grenzproduktivitäten beider Produktionsfaktoren gleich Null, da durch partielle Vergrößerung der Einsatzmenge eines Produktionsfaktors kein höherer Ausstoß erzielt werden kann. Im Überschußbereich des ersten Produktionsfaktors (senkrechter Teil der Isoquanten) ist die Grenzproduktivität des zweiten Faktors positiv, denn durch alleinigen Mehreinsatz des zweiten Produktionsfaktors kann eine weiter rechts liegende Isoquante und damit eine größere Produktmenge erreicht werden; die Grenzproduktivität des ersten Produktionsfaktors dagegen ist in seinem Überschußbereich gleich Null. — Das Umgekehrte gilt im Überschußbereich des zweiten Produktionsfaktors (waagerechter Teil der Isoquanten).

Aufgabe 36

Bei begrenzt substituierbaren Produktionsfaktoren werden die Isoquanten linksgekrümmt (wegen der abnehmenden Grenzrate der Substitution) und außerhalb des Substitutionsbereichs rückläufig gezeichnet:

$$q_1 < q_2 < q_3 < q_4 < \ldots$$

Dieser rückläufige Teil der Isoquanten kann mit der Gültigkeit des Ertragsgesetzes begründet werden.

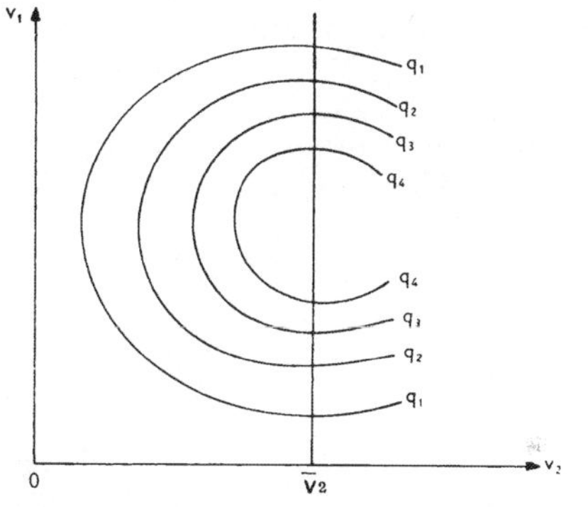

Laut Ertragsgesetz steigt die Produktmenge (q) bei Erhöhung der Einsatzmenge eines Faktors (v_1) und Konstanz des anderen Faktors (v_2) zunächst über-, dann unterproportional und fällt schließlich.

Diese partielle Vergrößerung der Menge des Produktionsfaktors 1 kann durch eine Bewegung auf einer Parallelen zur v_1-Achse im Isoquantendiagramm dargestellt werden ($\bar{v}_2$ = konstante Einsatzmenge des Produktionsfaktors 2); die Produktmenge nimmt zunächst ständig zu:

$$q_1 < q_2 < q_3 < q_4 < \ldots$$

Bei einer sehr hohen Einsatzmenge dieses Faktors sinkt dagegen die Produktmenge gemäß Ertragsgesetz:

$$\ldots > q_4 > q_3 > q_2 > q_1$$

und zwar deshalb, weil die Isoquanten rückläufig gezeichnet wurden.

Aufgabe 37

Bei voll substituierbaren Produktionsfaktoren schneiden die Isoquanten die Koordinatenachsen, d. h. daß die Erstellung einer bestimmten Produktmenge nur mit dem Einsatz eines Produktionsfaktors möglich ist.

Die geradlinige oder linksgekrümmte Form der Isoquanten hängt allein davon ab, ob eine konstante oder variable Substitutionsrate unterstellt wird.

Bei konstanter Substitutionsrate

$$\frac{dv_1}{dv_2} = \operatorname{tg}\alpha = \text{konst.}$$

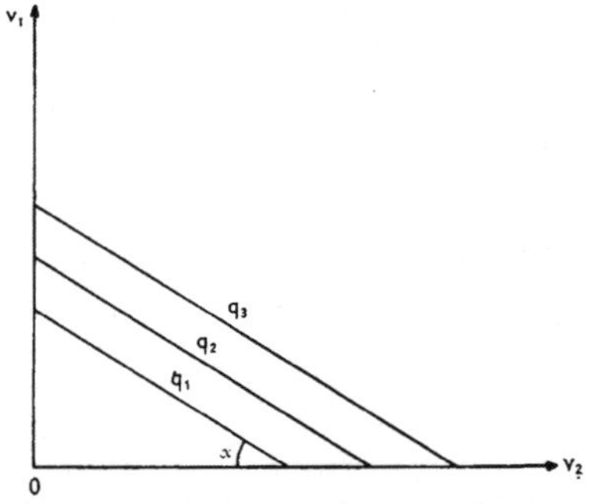

ist jeweils die gleiche Menge des Faktors 2 erforderlich, um eine bestimmte Menge des Faktors 1 bei gleichbleibender Produktmenge zu ersetzen; die Isoquanten verlaufen geradlinig, denn der Winkel α ändert sich nicht.

Bei linksgekrümmtem Verlauf nimmt der Winkel α (Steigungswinkel der Tangente an einen Punkt der Isoquante) bei zunehmender Substitution des Faktors 1 durch den Faktor 2 (Bewegung P—Q—R—S—T auf der Isoquante) ständig ab; die Grenzrate der Substitution

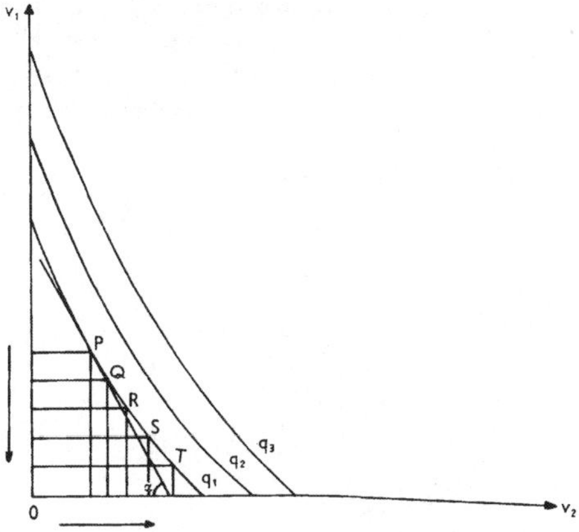

sinkt demnach, d. h. es sind wachsende Mengen des Faktors 2 erforderlich, um eine feste Menge des Faktors 1 bei bestimmter Produktmenge zu substituieren.

Aufgabe 38

Beide Aussagen beziehen sich auf die Bestimmung des Gleichgewichts einer Unternehmung auf der Beschaffungsseite. Dieses Gleichgewicht kann durch beide Formulierungen, die sich lediglich durch die Wahl der Parameter im Modell unterscheiden, definiert werden.

1) Der Unternehmer beabsichtigt die Erstellung einer bestimmten Produktmenge mit minimalen Kosten. Als

Parameter wird eine feste Größe $q = \bar{q}$ und damit eine bestimmte Isoquante, die zu erreichen ist, vorgegeben:

$$\bar{q} = f(v_1, v_2)$$

In das gleiche Diagramm wird eine Schar paralleler Isokostenlinien (da die Preise der Produktionsfaktoren — r_1 und r_2 —, die die Steigung der Isokostenlinie determinieren, ebenfalls Modellparameter sind) eingezeichnet; diese Linien, deren Gleichung $\bar{r}_1 \cdot v_1 + \bar{r}_2 \cdot v_2 = K$ lautet, unterscheiden sich durch verschiedene Kostensummen:

$$K_1 < K_2 < K_3 < K_4 < \ldots$$

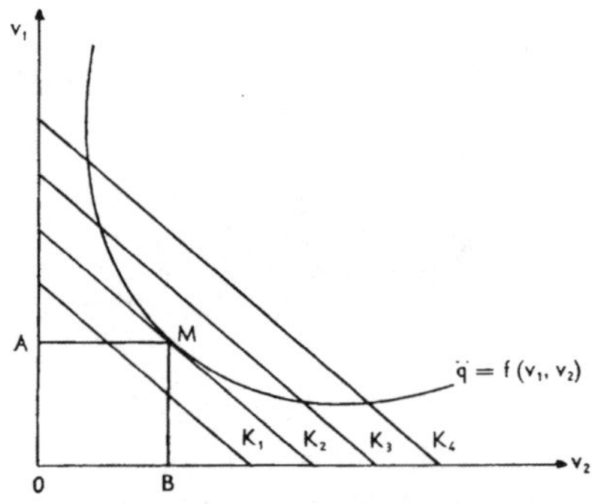

Die Minimalkostenkombination der Produktionsfaktoren

$$(v_1, v_2) = (OA, OB)$$

entspricht dem Berührungspunkt M der Isoquante mit einer aus der Schar der Isokostenlinien, da die Produktmenge $\bar{q}$ mit den geringsten Kosten (hier: K_2) erstellt wird. Weiter links liegende Isokostenlinien (z. B. K_1) sind zur Produktion von $\bar{q}$ nicht erreichbar.

2) Bei festen Faktorpreisen ist jetzt eine bestimmte Kostensumme $K = \overline{K}$ vorgegeben, die der Unternehmer ausgeben will. Daher kann eine bestimmte Isokostenlinie, die die kostenmäßig möglichen Faktormengenkombinationen zum Ausdruck bringt, in das Diagramm eingezeichnet werden:

$$\overline{r}_1 \cdot v_1 + \overline{r}_2 \cdot v_2 = \overline{K}$$

Mit dieser Ausgabensumme soll die maximale Gütermenge produziert werden. Es wird eine Schar von Isoquanten,

$$q = f(v_1, v_2)$$

die durch verschiedene Größen von q zu kennzeichnen sind, in der Graphik zur Darstellung gebracht, wobei gilt:

$$q_1 < q_2 < q_3 < q_4 < \ldots$$

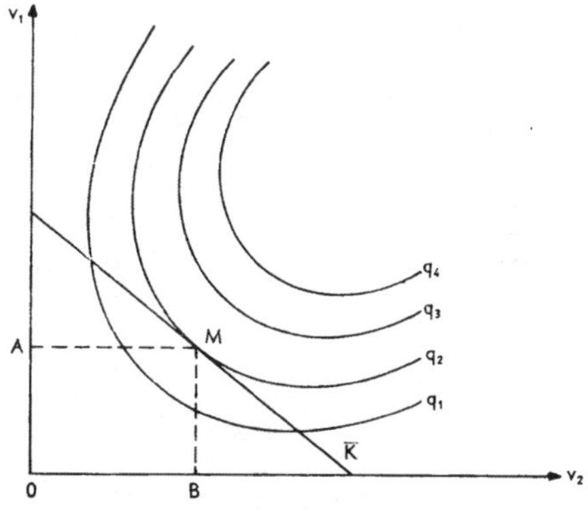

Die größtmögliche Produktmenge, die mit den vorgegebenen Kosten erstellt werden kann, ist durch den Berührungspunkt M der Isokostenlinie mit einer aus der

Schar der Isoquanten determiniert; mit der Kostensumme $K = \bar{K}$ wird die höchste Ausstoßmenge (hier: q_2) erreicht. Größere Produktmengen und damit weiter rechts liegende Isoquanten sind mit der Kostensumme $K = \bar{K}$ nicht erzielbar. Der Unternehmer wird die Faktormengen

$$(v_1, v_2) = (OA, OB)$$

einsetzen.

Aufgabe 39

Teil a: Bei der Darstellung der Isoquantenschar im v_1, v_2-Diagramm erhält man für verschiedene Größen der Produktmenge (q) eine Schar von Kurven, da die Produktmenge Parameter des Modells ist. Die vorgegebene Gleichung zeigt, daß es sich hier um Geraden handelt, deren Achsenabschnitte zunächst bestimmt werden:

q = 30	
v_1	v_2
0	3
2	0

q = 60	
v_1	v_2
0	6
4	0

q = 90	
v_1	v_2
0	9
6	0

q = 120	
v_1	v_2
0	12
8	0

Auf Grund dieser Zahlen können die einzelnen Geraden eingezeichnet werden:

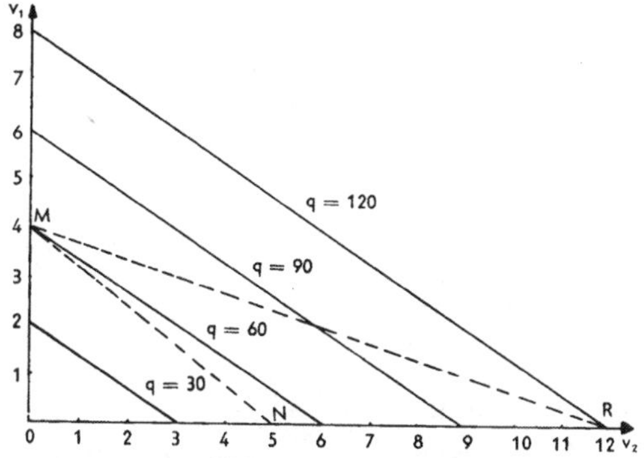

Die Produktionsfaktoren stehen in einem Substitutionsverhältnis; da die Koordinatenachsen berührt werden, sind sie voll substituierbar. Die Substitutionsrate, die der Steigung einer Isoquante entspricht, ist hier konstant; sie kann aus der Gleichung für die Isoquantenschar abgeleitet werden:

$$15 \cdot v_1 + 10 \cdot v_2 = q$$

$$v_1 = -\frac{2}{3} v_2 + \frac{q}{15}$$

$$\frac{dv_1}{dv_2} = -\frac{2}{3}$$

Teil b: Aus den angegebenen Preisen und der Kostensumme kann die Gleichung der Isokostenlinie gebildet werden:

$$r_1 \cdot v_1 + r_2 \cdot v_2 = K$$

$$5 \cdot v_1 + 4 \cdot v_2 = 20$$

Diese Gerade wird in die obige Graphik eingezeichnet (MN). Durch die Isokostenlinie sind die Möglichkeiten des Unternehmers für die Kombination der Produktionsfaktoren begrenzt. Aus der graphischen Darstellung ist ersichtlich, daß der Unternehmer die maximal zu erstellende Produktmenge (hier: $q = 60$) erzielt, wenn er nur einen Produktionsfaktor zum Einsatz bringt:

$$v_1 = 4$$

$$v_2 = 0$$

d. h. der Gleichgewichtspunkt des Unternehmers (Punkt M) befindet sich auf der Ordinate, denn hier berühren sich die Isokostenlinie und die Isoquante der Produktmenge $q = 60$. Weiter rechts liegende Isoquanten (und damit größere Produktmengen) sind bei der vorgegebenen Kostensumme nicht erreichbar.

Teil c: Auf Grund des Preisfalls des Produktionsfaktors 2 ergibt sich eine neue Bilanzgerade (MR), deren Gleichung lautet:

$$5 \cdot v_1 + \frac{5}{3} \cdot v_2 = 20$$

Wie in der Graphik erkennbar ist, bewirkt der Preisfall des Produktionsfaktors 2, daß sich der Gleichgewichtspunkt auf die v_2-Achse verschiebt (Punkt R), d. h. der Unternehmer setzt jetzt allein den billiger gewordenen Produktionsfaktor 2 ein:

$$v_2 = 12$$

$$v_1 = 0$$

und produziert damit die maximale Ausstoßmenge $q = 120$.

Aufgabe 40

Gegeben ist das Isoquantensystem zweier begrenzt substituierbarer Produktionsfaktoren:

$$q = f(v_1, v_2)$$

(v_1 und v_2 sind Faktormengen, q ist die Produktmenge). Für jede Kostensumme (K) kann bei konstanten Faktorpreisen (r_1, r_2) eine Isokostenlinie gezeichnet werden:

$$r_1 \cdot v_1 + r_2 \cdot v_2 = K$$

Eine Erhöhung der Kostensumme (c. p.) bedeutet eine Parallelverschiebung der Isokostenlinie nach rechts:

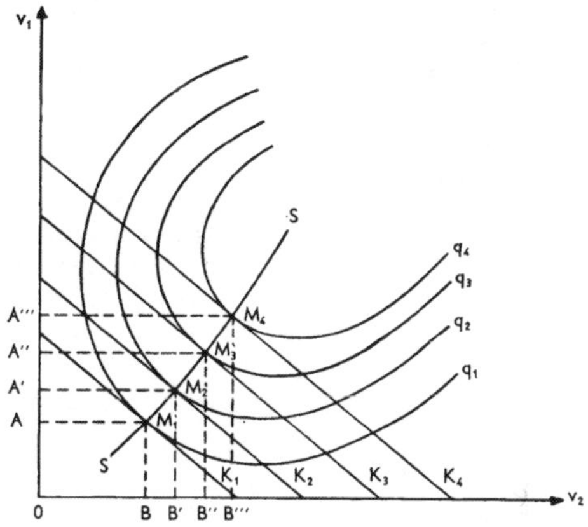

Es gilt:

$$q_1 < q_2 < q_3 < q_4 < \ldots$$

und

$$K_1 < K_2 < K_3 < K_4 < \ldots$$

Die Minimalkostenkombination für jede Ausstoßmenge q ist durch den Berührungspunkt der jeweiligen Isoquante mit einer Isokostenlinie gegeben (Punkte M_1, M_2, M_3, M_4 ...). Eine Verbindung dieser Gleichgewichtspunkte M_1, M_2, M_3, M_4 ... ergibt die ‚Skalalinie' (SS), die damit die optimale Faktormengenkombination für jede Ausstoßmenge und den jeweiligen Einsatz des Produktionsfaktors (v_1 = OA, OA', OA'', OA''' usw.; v_2 = OB, OB', OB'', OB''' usw.) zum Ausdruck bringt.

Bei zwei voll substituierbaren Produktionsfaktoren mit konstanter Grenzrate der Substitution verlaufen die Isoquanten geradlinig und berühren die Koordinatenachsen. Es läßt sich zeigen, daß die optimale Faktormengenkombination dann vorliegt, wenn der Unternehmer nur einen Produktionsfaktor zum Einsatz bringt (siehe hierzu Aufgabe 39; das Preisverhältnis der Produktionsfaktoren und damit die Steigung der Isokostenlinie im Vergleich zur Steigung der Isoquanten bestimmt, welcher Produktionsfaktor eingesetzt wird). Die Gleichgewichtspunkte (M_1, M_2, M_3, M_4 ...), die bei Variation der Kostensumme und Konstanz der Faktorpreise (Parallelverschiebung der Isokostenlinie) erreicht werden, liegen dann auf einer Koordinatenachse, so daß diese Achse (in der Graphik: v_2) mit der Skalalinie identisch ist.

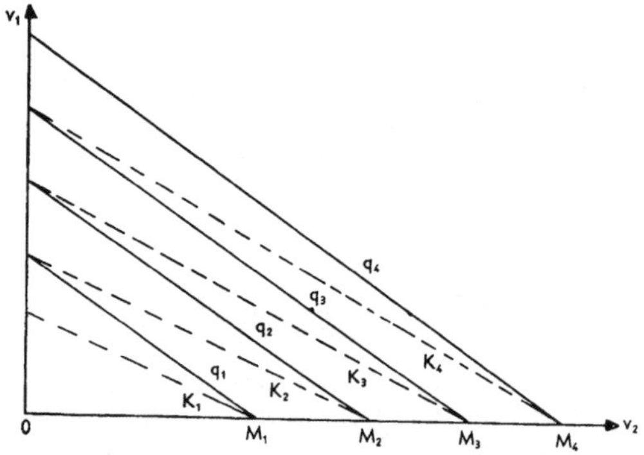

Aufgabe 41

Teil a: In den Punkten A und B des Kastendiagramms werden die Produktionsfaktoren voll ausgenutzt, denn die zur Verfügung stehenden Mengen verteilen sich vollständig auf die Produktionsprozesse zur Erstellung der beiden Güter 1 und 2.

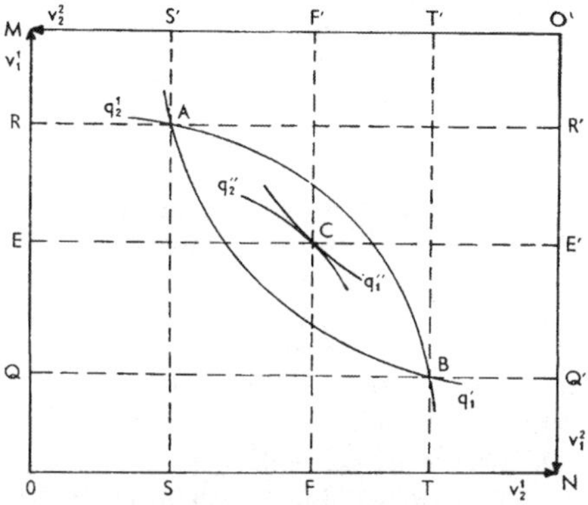

Im Punkt A ergibt sich folgende Aufteilung:

$$v_1^1 + v_1^2 = OR + O'R' = OR + RM = OM = \bar{v}_1$$
$$v_2^1 + v_2^2 = OS + O'S' = OS + SN = ON = \bar{v}_2$$

Für den Punkt B gilt entsprechend:

$$v_1^1 + v_1^2 = OQ + O'Q' = OQ + QM = OM = \bar{v}_1$$
$$v_2^1 + v_2^2 = OT + O'T' = OT + TN = ON = \bar{v}_2$$

Der Einsatz der Produktionsfaktoren in den Punkten A und B ist aber nicht effizient, denn es ist möglich, durch eine andere Verteilung der Produktionsfaktoren auf die beiden Produktionsprozesse sowohl von Gut 1 als auch von Gut 2 mehr zu produzieren. Der effiziente Einsatz beider Produktionsfaktoren entspricht dem Punkt C, in dem sich zwei Isoquanten der beiden Systeme berühren. In diesem Punkt C ist zunächst wieder volle Ausnutzung gegeben:

$$v_1^1 + v_1^2 = OE + O'E' = OE + EM = OM = \bar{v}_1$$
$$v_2^1 + v_2^2 = OF + O'F' = OF + FN = ON = \bar{v}_2$$

Von den beiden Gütermengen wird im Punkt C mehr als in den Punkten A und B hergestellt, denn die sich tangierenden Isoquanten haben höhere Produktmengenindizes (da die Isoquanten weiter rechts bzw. weiter links liegen):

$$q_1'' > q_1'$$

$$q_2'' > q_2'$$

Die Bedingung für den effizienten Einsatz der Faktoren im Punkt C ist, daß von C aus durch keine andere Aufteilung der Produktionsfaktoren auf die beiden Produktionsprozesse eine weitere Vergrößerung beider Gütermengen erreicht werden kann. Soll von C aus der Ausstoß der Menge eines Gutes erhöht werden, so kann das nur auf Kosten einer Einschränkung der Ausbringung des anderen Gutes geschehen.

Teil b: Werden sämtliche Berührungspunkte der Isoquanten beider Systeme (C, D, E, F ...) miteinander verbunden, so erhält man die ‚Effizienzkurve' als geometrischen Ort aller Produktionsfaktoreinsätze, die die Mengen der Faktoren voll und effizient nutzen:

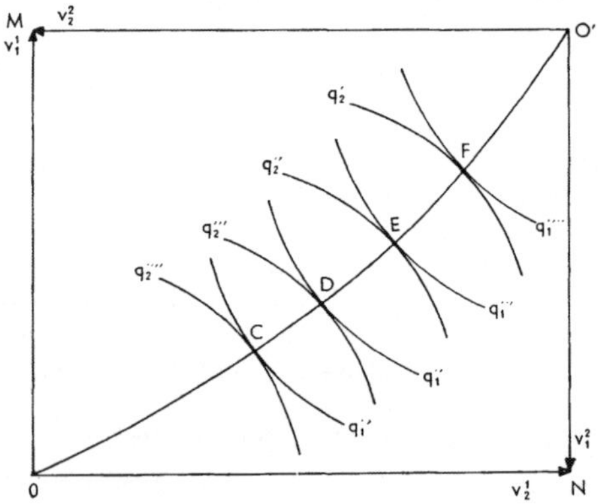

Werden die Produktmengenkombinationen, die bei vollem und effizientem Faktormengeneinsatz möglich sind, in ein q_1, q_2-Koordinatensystem übertragen, so entsteht die ‚Transformationskurve' (‚Kapazitätslinie') als geometrischer Ort aller Gütermengenkombinationen, die mit einer fest vorgegebenen und in effizientem Einsatz befindlichen Faktormengenkombination ($\bar{v}$) erstellt werden können (Kurve TT):

$$f(q_1, q_2) = \bar{v}$$

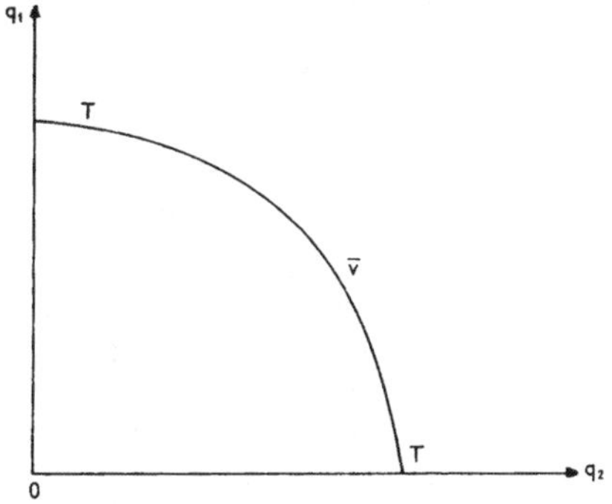

Aufgabe 42

Teil a: Die Koeffizienten a_{ij} geben den Verbrauch des Faktors i pro Stück des Gutes j an; da diese Koeffizienten sich nicht ändern sollen, liegen konstante Inputverhältnisse vor (Limitationalität der Produktionsfaktoren).

Der Gesamteinsatz eines Faktors i ist durch folgende Gleichung gegeben:

$$v_i = \sum_{j=1}^{2} v_i^j = \sum_{j=1}^{2} a_{ij} \cdot q_j \qquad (i = 1, 2, 3)$$

Die Produktionsfaktoren sind nur in begrenzten Mengen verfügbar; die Einsatzmenge eines Faktors in sämtlichen

Prozessen kann deshalb nicht größer als die insgesamt vorhandene Menge des Faktors sein:

$$v_i \leq b_i$$

Unter Berücksichtigung der Größen der Inputkoeffizienten können daher drei Ungleichungen aufgestellt werden:

$$6 \cdot q_1 + \frac{3}{2} \cdot q_2 \leq 18$$

$$2 \cdot q_1 + q_2 \leq 7$$

$$\frac{5}{2} \cdot q_1 + 5 \cdot q_2 \leq 25$$

Die Ungleichungen werden durch Einführung von ‚Schlupfvariablen' (s_i) zu Gleichungen umgeformt:

$$6 \cdot q_1 + \frac{3}{2} \cdot q_2 + s_1 = 18$$

$$2 \cdot q_1 + q_2 + s_2 = 7$$

$$\frac{5}{2} \cdot q_1 + 5 \cdot q_2 + s_3 = 25$$

bzw.

$$s_1 = 18 - 6 \cdot q_1 - \frac{3}{2} \cdot q_2$$

$$s_2 = 7 - 2 \cdot q_1 - q_2$$

$$s_3 = 25 - \frac{5}{2} \cdot q_1 - 5 \cdot q_2$$

Nach der Simplex-Methode werden diese Schlupfvariablen schrittweise durch solche Variable substituiert, die Teile der optimalen Lösung, d. h. der Gütermengenkombination bei maximalem Erlös

$$E = p_1 \cdot q_1 + p_2 \cdot q_2 = 5 \cdot q_1 + 4 \cdot q_2 = \text{Max.}$$

sind.

1. Schritt: Eine erste Basislösung, die zulässig ist, entspricht der Kombination $q_1 = 0$ und $q_2 = 0$. Die Schlupfvariablen sind dann:

$$s_1 = 18$$
$$s_2 = 7$$
$$s_3 = 25$$

Die Basislösung lautet:

$$(q_1; q_2; s_1; s_2; s_3) = (0; 0; 18; 7; 25)$$

Diese Lösung ist die schlechteste realisierbare Lösung überhaupt, denn der Erlös ist hier ebenfalls gleich Null:

$$E_1 = 5 \cdot q_1 + 4 \cdot q_2 = 0$$

2. Schritt: Wenn eine der Gütermengen positiv ist, wird auch ein positiver Erlös erzielt. Es sei z. B. $q_2 > 0$ und $q_1 = 0$. Dann gilt:

$$s_1 = 18 - \frac{3}{2} \cdot q_2 \geq 0 \quad \text{bzw.} \quad q_2 \leq 12$$
$$s_2 = 7 - q_2 \geq 0 \quad \text{bzw.} \quad q_2 \leq 7$$
$$s_3 = 25 - 5 \cdot q_2 \geq 0 \quad \text{bzw.} \quad q_2 \leq 5$$

Die maximal mögliche Größe von q_2 ist also:

$$q_2 = 5$$

Weiterhin können aus den obigen Formeln berechnet werden:

$$s_1 = \frac{21}{2}$$
$$s_2 = 2$$
$$s_3 = 0$$

Die Basislösung lautet daher:

$$(q_1; q_2; s_1; s_2; s_3) = \left(0; 5; \frac{21}{2}; 2; 0\right)$$

Der Erlös hat folgende Größe:

$$E_2 = 5 \cdot q_1 + 4 \cdot q_2 = 20 > E_1 = 0$$

3. Schritt: Basisvariable sind jetzt q_2, s_1 und s_2. Aus der Gleichung

$$s_3 = 25 - \frac{5}{2} \cdot q_1 - 5 \cdot q_2$$

folgt:

$$q_2 = 5 - \frac{1}{2} \cdot q_1 - \frac{1}{5} \cdot s_3$$

und:

$$s_1 = 18 - 6 \cdot q_1 - \frac{3}{2} \cdot q_2 = \frac{21}{2} - \frac{21}{4} \cdot q_1 + \frac{3}{10} \cdot s_3$$

$$s_2 = \ 7 - 2 \cdot q_1 - \quad q_2 = \ 2 - \frac{3}{2} \cdot q_1 + \frac{1}{5} \cdot s_3$$

(nach Einsetzen von q_2 in die obigen Gleichungen).

Der Erlös kann in Abhängigkeit von q_1 und s_3 dargestellt werden:

$$E = 5 \cdot q_1 + 4 \cdot q_2 = 20 + 3 \cdot q_1 - \frac{4}{5} \cdot s_3$$

Es ist ersichtlich, daß der Erlös durch Erhöhung von q_1 — dagegen nicht durch Vergrößerung von s_3 — gesteigert werden kann. Deshalb wird gesetzt:

$$q_1 > 0 \quad \text{und} \quad s_3 = 0$$

Daraus folgt:

$$q_2 = 5 - \frac{1}{2} \cdot q_1 \geq 0 \quad \text{bzw.} \quad q_1 \leq 10$$

$$s_1 = \frac{21}{2} - \frac{21}{4} \cdot q_1 \geq 0 \quad \text{bzw.} \quad q_1 \leq 2$$

$$s_2 = 2 - \frac{3}{2} \cdot q_1 \geq 0 \quad \text{bzw.} \quad q_1 \leq \frac{4}{3}$$

und damit als Obergrenze für q_1 in diesem Programm:

$$q_1 = \frac{4}{3}$$

Weiterhin gilt unter Berücksichtigung dieser Größe für q_1:

$$q_2 = \frac{13}{3}$$

$$s_1 = \frac{7}{2}$$

$$s_2 = 0$$

Die Basislösung heißt jetzt:

$$(q_1; q_2; s_1; s_2; s_3) = \left(\frac{4}{3}; \frac{13}{3}; \frac{7}{2}; 0; 0\right)$$

Der Erlös ist größer als im vorigen Fall:

$$E_3 = 5 \cdot q_1 + 4 \cdot q_2 = 24 > E_2 = 20$$

4. Schritt: Zu fragen ist, ob durch eine andere Gütermengenkombination unter Beachtung der Nebenbedingungen der Erlös noch erhöht werden kann. Basisvariable sind jetzt q_1, q_2 und s_1. Der Erlös ist daher in Abhängigkeit von s_2 und s_3 auszudrücken.

Aus

$$s_2 = 2 - \frac{3}{2} \cdot q_1 + \frac{1}{5} \cdot s_3$$

folgt:

$$q_1 = \frac{4}{3} - \frac{2}{3} \cdot s_2 + \frac{2}{15} \cdot s_3$$

und:

$$q_2 = \frac{13}{3} + \frac{1}{3} \cdot s_2 - \frac{4}{15} \cdot s_3$$

Diese beiden Gleichungen werden in die Erlösformel eingesetzt:

$$E = 5 \cdot q_1 + 4 \cdot q_2 = 24 - 2 \cdot s_2 - 2 \cdot s_1$$

Die Gleichung zeigt, daß weder durch eine Vergrößerung von s_2 noch von s_3 der Erlös gesteigert werden kann. Deshalb entspricht die im vorigen Schritt abgeleitete Basislösung der optimalen Gütermengenkombination, bei der der höchste Gewinn erreicht ist. Der Unternehmer wird die Mengen

$$q_1 = \frac{4}{3} \quad \text{und} \quad q_2 = \frac{13}{3}$$

produzieren und damit einen maximalen Erlös in Höhe von $E = 24$ erzielen.

Teil b: In der Graphik werden auf den Koordinatenachsen die beiden Gütermengen (q_1 und q_2) abgetragen. Jeder Punkt in dem Diagramm entspricht einem Produktionsprogramm. Die Bedingung

$$q_j \geq 0 \qquad (j = 1, 2)$$

besagt, daß nur Mengenkombinationen der Güter möglich sind, die durch Punkte im Quadranten bzw. auf den Achsen repräsentiert werden.

Die Nebenbedingungen des Modells, die in den begrenzt vorrätigen Produktionsfaktormengen zum Ausdruck kommen, werden durch die Ungleichungen dargestellt. Jede dieser Ungleichungen teilt den Quadranten in zwei Gebiete auf: in einem Gebiet liegen Punkte, die der Ungleichung genügen, im anderen Gebiet liegen Punkte, die die Ungleichung verletzen. Trennungslinie der Gebiete ist die Gerade, die das Gleichheitszeichen erfüllt.

Werden die drei Geraden

$$6 \cdot q_1 + \frac{3}{2} \cdot q_2 = 18 \quad \text{(a)}$$

$$2 \cdot q_1 + \quad q_2 = \ 7 \quad \text{(b)}$$

$$\frac{5}{2} \cdot q_1 + 5 \cdot q_2 = 25 \quad \text{(c)}$$

in die Graphik übertragen, so ergibt sich ein Streckenzug OABCD, der alle Programme umschließt, die sämtlichen Nebenbedingungen genügen:

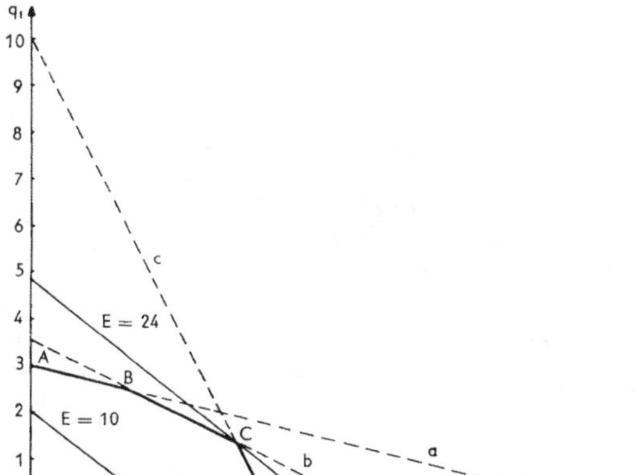

Der Unternehmer kann die Gütermengenkombinationen erstellen, die innerhalb bzw. auf der Linie OABCD liegen; diese Linie kann deshalb als seine ‚Transformationskurve‘ oder ‚Kapazitätslinie‘ bezeichnet werden.

Die Eckpunkte der Kurve sind identisch mit den Basislösungen. Z. B. entspricht der Punkt D der Basislösung $q_1 = 0$, $q_2 = 5$ (siehe hierzu Schritt 2 im Teil a).

Das optimale Produktionsprogramm kann ermittelt werden, wenn eine Schar von Erlösgeraden

$$5 \cdot q_1 + 4 \cdot q_2 = E$$

(E ist in diesem Falle Parameter) eingezeichnet wird (z. B. ergibt sich für E = 10 die Gerade MN). Da der Erlös maximiert werden soll, ist eine Gütermengenkombination zu suchen, die auf einer möglichst weit nach rechts verlagerten Erlösgeraden liegt. Es ist ersichtlich, daß bei einer Parallelverschiebung der Geraden MN nach rechts die Erlösgerade E = 24 den Eckpunkt C tangiert, der die optimale Gütermengenkombination

$$(q_1; q_2) = \left(\frac{4}{3}\ ;\ \frac{13}{3}\right)$$

darstellt, da eine noch weiter rechts liegende Erlösgerade sich außerhalb der Kapazitätslinie OABCD befindet und damit nicht erreichbar ist.

Im Eckpunkt C schneiden sich die Geraden (b) und (c); d. h. bei dieser Kombination sind die Produktionsfaktoren 2 und 3 voll ausgenutzt.

Diese Aussage kann auch durch eine einfache Rechnung bestätigt werden. Auf Grund der gegebenen Inputkoeffizienten können die bei der Optimallösung verbrauchten Faktoreinsatzmengen berechnet werden:

$$\begin{aligned} v_1 &= 6 \cdot q_1 + \frac{3}{2} \cdot q_2 = 14{,}5 < b_1 = 18 \\ v_2 &= 2 \cdot q_1 + \quad q_2 = 7 \quad = b_2 \\ v_3 &= \frac{5}{2} \cdot q_1 + 5 \cdot q_2 = 25 \quad = b_3 \end{aligned}$$

Die Schlupfvariable $s_3 = 7/2$ (siehe hierzu 3. Schritt, Teil a) entspricht der nicht ausgenutzten Menge des Produktionsfaktors 1:

$$s_3 = b_1 - v_1 = 3{,}5$$

Aufgabe 43

Laut Ertragsgesetz steigt die Ausstoßmenge (q) bei Erhöhung der Einsatzmenge eines variablen Produktionsfaktors (v) zuerst über-, dann unterproportional und fällt schließlich:

$$q = f(v)$$

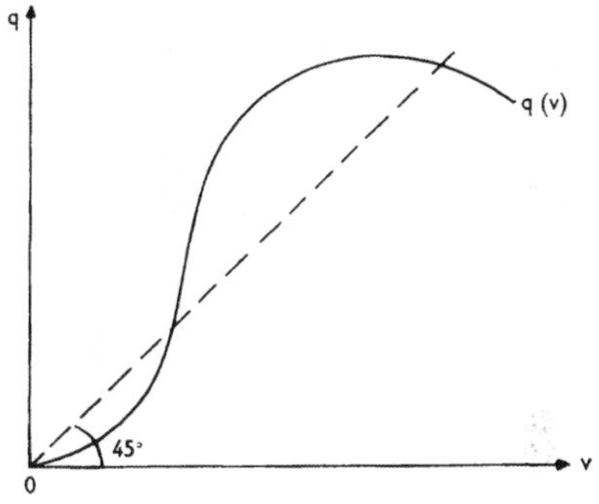

In der Graphik werden die Achsen vertauscht, d. h. die Ertragskurve wird an der 45-Grad-Linie gespiegelt. Die Faktormenge (reale variable Kosten) wird abhängige, die Produktmenge unabhängige Variable:

$$v = f(q)$$

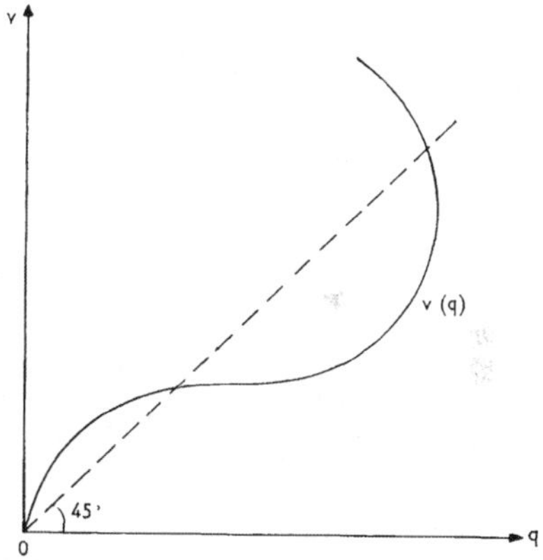

Wird die Einsatzmenge des variablen Produktionsfaktors bewertet (Multiplikation von v mit dem Faktorpreis r), so erhält man die variablen Kosten (VK):

$$VK = r \cdot v = f(q)$$

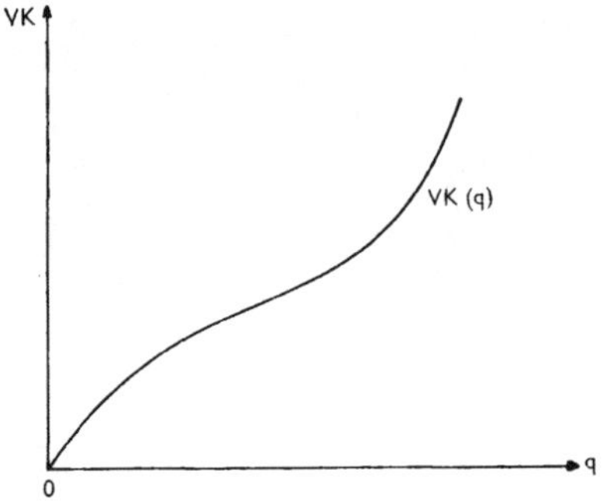

Bei Konstanz des Faktorpreises ändert sich die Form der Kurve nicht; der rückläufige Teil der Kurve kann fortgelassen werden, da er ökonomisch uninteressant ist.

Zur Kostenkurve gelangt man, wenn zu den variablen Kosten die fixen Kosten addiert werden:

$$K = VK + FK$$

$$K = f(q)$$

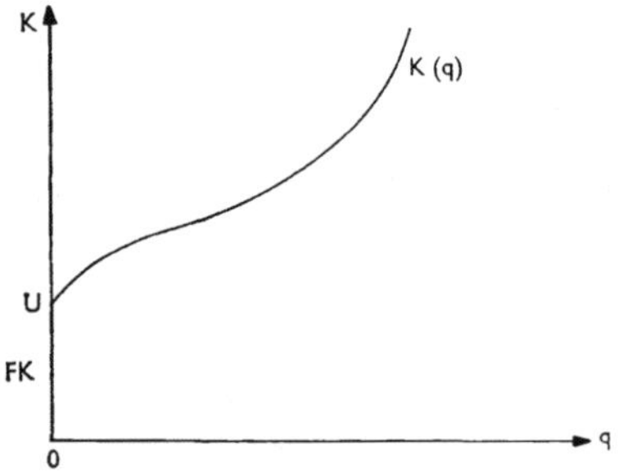

Die Kostenkurve beginnt dann in Höhe der fixen Kosten oberhalb des Nullpunktes (Punkt U):

Aufgabe 44

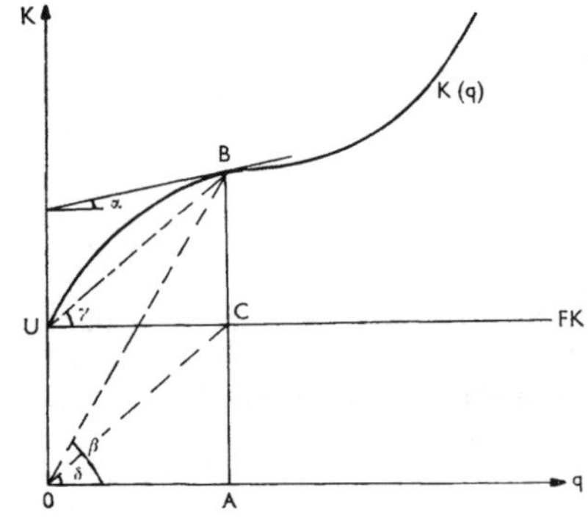

Zunächst werden in einer Graphik die Gesamtkosten (K) in Abhängigkeit von der Produktmenge (q) dargestellt (siehe hierzu Aufgabe 45):

Teil a: Die fixen Kosten (FK) sind unabhängig von der Ausstoßmenge; sie werden als konstante

Größe durch eine Parallele zur Abszisse in Höhe des Beginnpunktes der Gesamtkostenkurve (U) dargestellt:

$$FK = OU = AC$$

Teil b: Die variablen Kosten (VK) als der produktmengenabhängige Teil der Gesamtkosten werden als Differenz von Gesamtkosten und Fixkosten für jede Produktmenge durch den Abstand der Kostenkurve von der Geraden der Fixkosten gemessen.

Z. B. gilt für q = OA:

$$VK = K - FK = AB - AC = CB$$

Teil c: Die Grenzkosten (GK) geben die Änderung der Gesamtkosten bei einer infinitesimalen Änderung der Ausstoßmenge an; mathematisch entsprechen sie dem Differentialquotienten (erste Ableitung):

$$GK = \frac{dK}{dq}$$

In der Graphik werden die Grenzkosten an einem beliebigen Punkt (z. B. Punkt B) der Kostenkurve durch den Tangens des Winkels gemessen, den die Tangente an diesen Punkt mit der positiven Richtung der Abszisse bildet:

$$GK = tg\,\alpha$$

Teil d: Die Stück- oder Durchschnittskosten (DK) entsprechen dem Quotienten aus Gesamtkosten und Ausbringungsmenge:

$$DK = \frac{K}{q}$$

In der Graphik können die Durchschnittskosten an einem Punkt der Kostenkurve ebenfalls durch den Tangens eines Winkels bestimmt werden, nämlich des Winkels, der vom Fahrstrahl aus dem Nullpunkt (0) an einen Punkt der Kostenkurve (B) und der positiven

Richtung der Abszisse gebildet wird:

$$\mathrm{DK} = \mathrm{tg}\,\beta = \frac{\mathrm{AB}}{\mathrm{OA}}$$

Teil e: Die variablen Stückkosten oder durchschnittlichen variablen Kosten (DVK) sind gleich dem Verhältnis der variablen Kosten und der Produktmenge:

$$\mathrm{DVK} = \frac{\mathrm{VK}}{\mathrm{q}}$$

In der Graphik gibt der Tangens des Winkels, den ein Fahrstrahl aus dem Ursprungspunkt der Kostenkurve (U) an einen beliebigen Punkt der Kostenkurve (B) mit der positiven Richtung der Abszisse bildet, die Höhe der DVK an:

$$\mathrm{DVK} = \mathrm{tg}\,\gamma = \frac{\mathrm{CB}}{\mathrm{UC}}$$

Teil f: Die durchschnittlichen fixen Kosten (DFK) sind durch das Verhältnis von Fixkosten zu Ausstoßmenge bestimmt:

$$\mathrm{DFK} = \frac{\mathrm{FK}}{\mathrm{q}}$$

In der Graphik werden die durchschnittlichen fixen Kosten für eine bestimmte Produktmenge (q = OA) durch den Tangens des Winkels gemessen, den ein Fahrstrahl aus dem Nullpunkt an die Fixkostengerade (OC) mit der positiven Richtung der Abszisse bildet:

$$\mathrm{DFK} = \mathrm{tg}\,\delta = \frac{\mathrm{AC}}{\mathrm{OA}}$$

Aufgabe 45

Teil a: Unter- bzw. überproportionaler Kostenanstieg wird durch den Verlauf der Durchschnittskosten bestimmt: bei fallenden (zunehmenden) Stückkosten steigen die Gesamtkosten unter-(über-)proportional.

Das Begriffspaar ‚unter-, überlinearer Kostenanstieg' dagegen bezieht sich auf den Verlauf der Grenzkosten (und damit auf die Steigung der Kostenkurve): bei sinkenden (steigenden) Grenzkosten wachsen die Gesamtkosten unter-(über-)linear.

In einer Graphik lassen sich diese Kostenverläufe veranschaulichen:

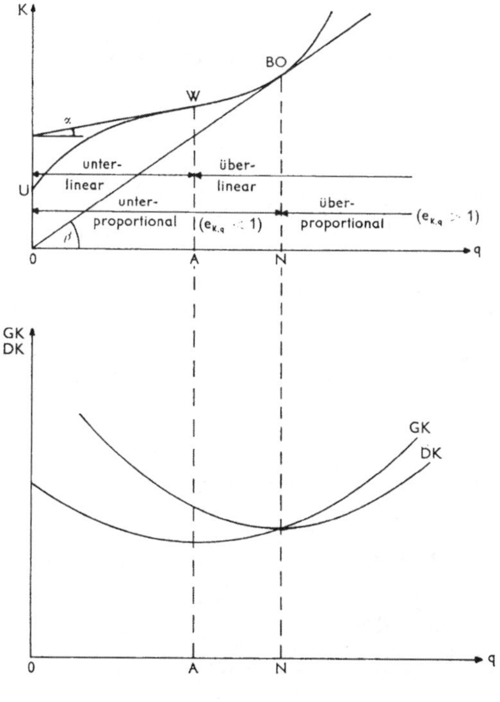

Die Grenzkosten fallen bis zum Wendepunkt (W) der Kostenkurve (Winkel α minimal), d. h. bis zur Produktmenge q = OA. Bei dieser Ausbringungsmenge gehen die Kosten deshalb von unterlinear- in überlinearsteigenden Verlauf über.

Die Stückkosten sinken bis zum Betriebsoptimum (BO) der Kostenkurve (Winkel β minimal), d. h. bis zur Produktmenge q = ON. Die Gesamtkosten wachsen daher bis BO unter-, danach überproportional.

Teil b: Die Elastizität der Kosten in bezug auf die Produktmenge ist durch das Verhältnis der relativen Änderung der Kosten zur relativen Änderung der Produktmenge

$$e_{K,q} = \frac{dK}{K} : \frac{dq}{q}$$

bzw. durch den Quotienten aus Grenzkosten und Durchschnittskosten definiert:

$$e_{K,q} = \frac{dK}{dq} : \frac{K}{q} = \frac{GK}{DK}$$

Da das Verhältnis von Grenz- und Durchschnittskosten die Größe der Elastizität bestimmt, teilt das Betriebsoptimum (in dem GK = DK gilt) die Kostenkurve in zwei Elastizitätsbereiche ein:

q	$e_{K,q}$
$0 < q < ON$	$e < 1$, da $GK < DK$
$q = ON$ Betriebsoptimum	$e = 1$, da $GK = DK$
$q > ON$	$e > 1$, da $GK > DK$

Aufgabe 46

Teil a: Die Wertetabelle hat folgendes Aussehen:

q	K
0	200
1	331
2	428
3	497
4	544
5	575
6	596
7	613
8	632
9	659
10	700
11	761
12	848
...	...

Zur anschaulichen Darstellung werden in der Graphik unterschiedliche Maßstäbe auf den Achsen gewählt (1 : 100):

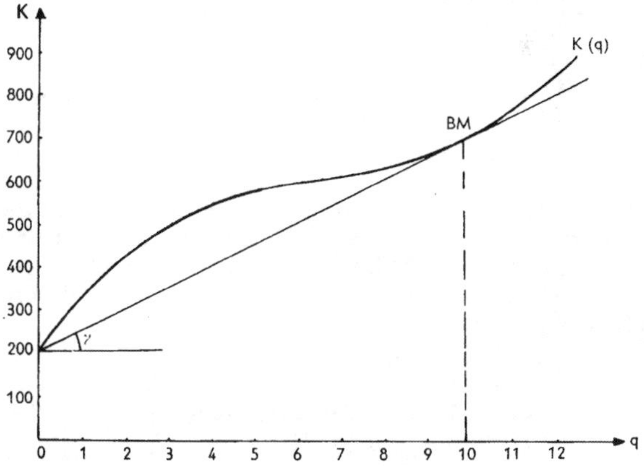

Teil b: Die Gleichung der Grenzkosten erhält man durch Differentiation der Kostenfunktion:

$$K = q^3 - 20 \cdot q^2 + 150 \cdot q + 200$$

$$GK = \frac{dK}{dq} = 3 \cdot q^2 - 40 \cdot q + 150$$

Die Gleichungen der Stückkosten und durchschnittlichen variablen Kosten lauten:

$$DK = \frac{K}{q} = q^2 - 20 \cdot q + 150 + \frac{200}{q}$$

$$DVK = \frac{VK}{q} = q^2 - 20 \cdot q + 150$$

Teil c: Das Betriebsminimum ist dadurch charakterisiert, daß die durchschnittlichen variablen Kosten (DVK) ihr Minimum erreicht haben. Dieser Extremwert wird ermittelt, indem die erste Ableitung der DVK-Kurve gebildet und gleich Null gesetzt wird:

$$\frac{d\,(DVK)}{dq} = 2 \cdot q - 20 = 0$$

Daraus folgt die Produktmenge im Betriebsminimum:

$$q = 10$$

In der Graphik (siehe Teil a) ist das Betriebsminimum dann gegeben, wenn der Winkel, den ein Fahrstrahl aus dem Ursprungspunkt der Kostenkurve an die Kostenkurve mit der positiven Richtung der Abszisse bildet, minimal ist:

$$\operatorname{tg} \gamma = \text{Min.}$$

Der Fahrstrahl tangiert dann die Kostenkurve; das ist bei $q = 10$ der Fall.

Aufgabe 47

In langfristiger Betrachtung wird angenommen, daß eine Unternehmung alle erforderlichen Umstellungen in der Produktion vornehmen kann (totale Anpassung). Daher sind sämtliche Kosten als variabel anzusehen, so daß die langfristige Kostenkurve im Nullpunkt beginnt (FK = 0).

Die Gültigkeit des Ertragsgesetzes würde bedeuten, daß es langfristig auch eine optimale Faktormengenkombination, d. h. ein Betriebsoptimum (minimale Stückkosten), gibt. Eine solche Annahme kann begründet werden durch das ‚Gesetz der höheren Technik': In vielen Bereichen der Produktion werden bei einer Vergrößerung des Produktionsumfangs Einsparungen möglich sein, so daß die Durchschnittskosten sinken (leistungsfähigere Produktionsmethoden und Maschinen, spezialisiertere Arbeit, preisliche Vorteile eines Großbetriebes usw.). Bei einer entsprechenden Höhe der Produktion können aber Unwirtschaftlichkeiten die Vorteile eines Großbetriebes aufheben (steigende Koordinierungskosten, Beschaffungsschwierigkeiten und damit erhöhte Faktorpreise usw.), so daß die Stückkosten wieder zunehmen. Würde dieser ‚kritische Punkt' nicht auftreten, so müßte es möglich sein, das Gesamtangebot in einer Hand zu vereinigen.

Die langfristige Stückkostenkurve hat damit ein Minimum und die langfristige Gesamtkostenkurve verläuft s-förmig.

Aufgabe 48

Teil a: Der konstante Preis bestimmt beim Mengenanpasser die Steigung der Erlösgeraden, denn es gilt:

$$E = \bar{p} \cdot q$$

(E = Erlös). Damit der Anbieter überhaupt einen Gewinn

$$G = E - K$$

erzielen kann, muß die Erlösgerade in einem gewissen Bereich oberhalb der Kostenkurve verlaufen (hier: OA < q < OB):

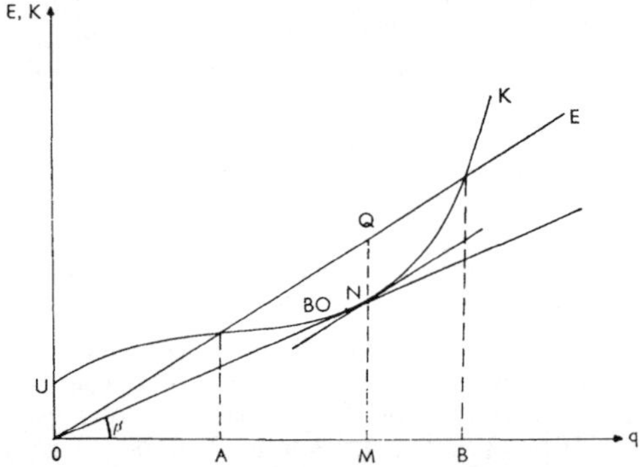

d. h. der Preis (als Steigung der Erlösgeraden) muß größer sein als die minimalen Durchschnittskosten (als Steigung des Fahrstrahls aus 0 an den Punkt BO — Betriebsoptimum — der Kostenkurve).

$$\bar{p} > \operatorname{tg} \beta$$

In folgender Zeichnung muß daher die Preisgerade oberhalb des Minimums der Stückkosten (Punkt BO) liegen:

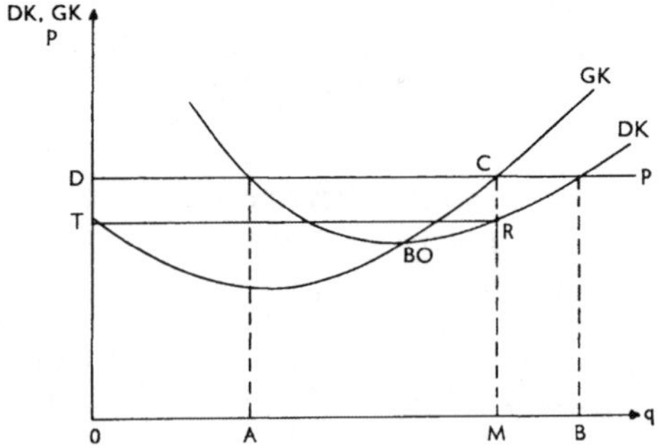

Die Produktmenge bei maximalem Gewinn kann mathematisch bestimmt werden, indem die erste Ableitung des Gewinns gleich Null gesetzt wird (Bedingung für die Ermittlung eines Extremwertes).

$$G(q) = E(q) - K(q) = \bar{p} \cdot q - K(q)$$

$$\frac{dG}{dq} = \bar{p} - \frac{dK}{dq} = \bar{p} - GK = 0$$

Daraus folgt

$$\bar{p} = GK$$

als Bedingung für die gewinnmaximale Produktmenge; der Anbieter erreicht den höchsten Gewinn, wenn der Erlöszuwachs (Preis) gleich dem Kostenzuwachs (Grenzkosten) ist.

In den graphischen Darstellungen kann die gewinnmaximale Ausstoßmenge ($q = OM$) gefunden werden, indem der Punkt der Kostenkurve gesucht wird, in dem die Steigung (gemessen durch die Tangente an diesen Punkt) gleich der Steigung der Erlösgeraden ist (hier: Punkt N der Kostenkurve):

$$G = E - K = MQ - MN = NQ$$

bzw. indem der Schnittpunkt der Preisgeraden und der Grenzkostenkurve bestimmt wird (hier: Punkt C):

$$G = E - K = OMCD - OMRT = TRCD$$

Teil b: Wenn die Erlösgerade unterhalb der Kostenkurve bzw. die Preisgerade unter dem Minimum der Stückkosten verläuft, kann der Anbieter bei keiner Ausstoßmenge eine Gewinnsituation erreichen. Der Unternehmer wird dann versuchen, die Produktmenge bei minimalem Verlust zu erstellen, und zwar solange er die variablen Kosten und einen Teil der fixen Kosten decken kann. Dazu muß der Preis größer als das Minimum der variablen Stückkosten sein:

$$DK_{Min.} > p > DVK_{Min.}$$

In der Graphik kann diese Situation folgendermaßen dargestellt werden:

Gemäß der Bedingung

$$\bar{p} = GK$$

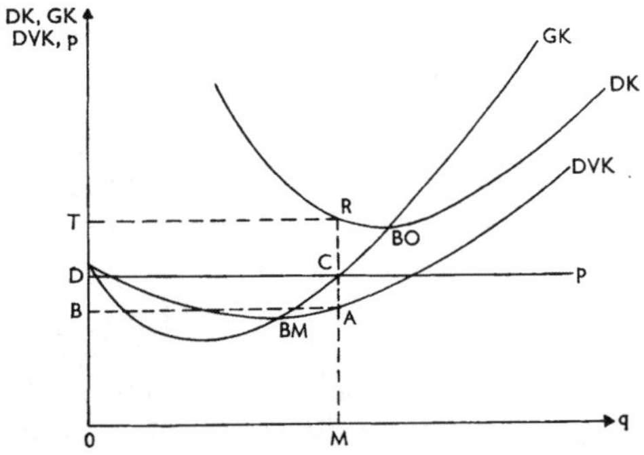

produziert der Unternehmer die Menge q = OM. Bei dieser Ausbringung gilt:

$$E = \bar{p} \cdot q = OMCD$$

$$K = DK \cdot q = OMRT$$

Da K > E, tritt ein Verlust auf in Höhe von

$$-G = K - E = OMRT - OMCD = DCRT$$

Dieser Verlust ist aber kleiner als die fixen Kosten:

$$FK = DFK \cdot q = BART > DCRT$$

Mit dem bei q = OM erzielbaren Erlös E = OMCD kann der Unternehmer demnach die variablen Kosten VK = OMAB und einen Teil der fixen Kosten (BACD) decken. Es lohnt sich für ihn, trotz Verlust zu produzieren, denn bei Einstellung der Produktion wären die fixen Kosten in voller Höhe zu tragen.

Der Teil der fixen Kosten, der — neben den variablen Kosten — noch durch den Erlös gedeckt wird, wird von Marshall als ‚Quasirente' bezeichnet. Dieser Erlösteil hat deshalb Rentencharakter, weil der Unternehmer erst dann die Produktion einstellt, wenn der Preis unter das Minimum der variablen Stückkosten (Betriebsminimum = Produktionsschwelle) sinken würde.

Aufgabe 49

Teil a: Nach dem Cournot'schen Theorem wird ein Anbieter, der sich als Preis- oder Mengenfixierer verhält und der eine Maximierung seines Gewinns anstrebt, seine Produktion ausdehnen, solange der Erlöszuwachs (Grenzerlös) größer als der Kostenzuwachs (Grenzkosten) ist. Der maximale Gewinn wird vom Anbieter erreicht, wenn die Bedingung

Grenzerlös = Grenzkosten

realisiert wird.

Der mathematische Beweis kann durch differenzieren des Gewinns und Nullsetzen der ersten Ableitung erfolgen (siehe Aufgabe 51):

$$G(q) = E(q) - K(q)$$

$$\frac{dG}{dq} = \frac{dE}{dq} - \frac{dK}{dq} = GE - GK = 0$$

Daraus folgt:

$$GE = GK$$

Teil b: Der Cournot'sche Punkt (C) eines monopolistischen Anbieters liegt senkrecht oberhalb des Schnittpunktes von Grenzkosten- und Grenzerlöskurve (N) auf der konjekturalen Preis-Absatz-Funktion; er determiniert damit die Höhe des Preises bei maximalem Gewinn, denn — siehe Graphik — der Unternehmer erzielt dann einen maximalen Gewinn, wenn er die Menge q = OM zum Preis p = MC anbietet.

Der Cournot'sche Punkt befindet sich immer im Bereich $e_{q,p} < -1$ der konjekturalen Preis-Absatz-Funktion, da nur in diesem Bereich der Grenzerlös positiv ist und damit die Grenzkostenkurve (für die immer gelten soll: $GK > 0$) schneiden kann.

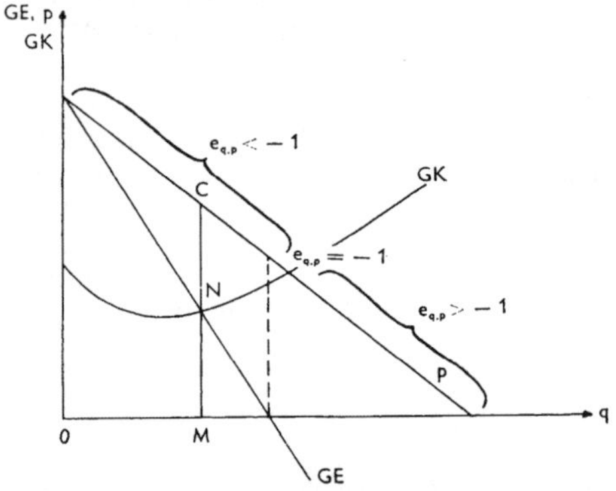

Teil c: Für den Cournot'schen Punkt gilt:

$$GE = GK$$

Nach der Robinson-Amoroso-Relation (siehe Aufgabe 17) kann der Grenzerlös durch folgende Gleichung ausgedrückt werden:

$$GE = p\left(1 + \frac{1}{e_{q,p}}\right)$$

Daher besteht folgende Beziehung zwischen den Grenzkosten und dem Preis:

$$GK = p\left(1 + \frac{1}{e_{q,p}}\right)$$

Da im Cournot'schen Punkt die Elastizität der Produktmenge in bezug auf Preisänderungen immer kleiner als minus eins ist (siehe Teil b), gilt:

$$GK < p$$

Teil d: Ein Unternehmer erreicht einen maximalen Erlös, wenn er eine Produktmenge anbietet, bei der der Grenzerlös gleich Null ist bzw. bei der die Elastizität der Produktmenge in bezug auf Preisänderungen gleich minus eins ist.

Maximaler Gewinn ist nach dem Cournot'schen Theorem dann gegeben, wenn der Grenzerlös den Grenzkosten entspricht. Daher müßten bei einem Zusammenfallen von Erlös- und Gewinnmaximum die Grenzkosten gleich Null sein.

Aufgabe 50

Teil a: Die Gleichung der Preis-Absatz-Funktion wird zunächst nach dem Preis (p) aufgelöst:

$$q = 10 - \frac{1}{6} \cdot p$$

$$p = 60 - 6 \cdot q$$

Daraus folgt die Gleichung des Erlöses in Abhängigkeit von der Produktmenge:

$$E = p \cdot q = 60 \cdot q - 6 \cdot q^2$$

Der Grenzerlös kann durch Differentiation dieser Gleichung ermittelt werden:

$$GE = \frac{dE}{dq} = 60 - 12 \cdot q$$

Die Grenzkosten werden aus der gegebenen Kostenfunktion abgeleitet:

$$K = 20 \cdot q + 40$$

$$GK = \frac{dK}{dq} = 20$$

Preis und Ausstoßmenge im Cournot'schen Punkt sind durch die Bedingung Grenzerlös = Grenzkosten bestimmt:

$$GE = 60 - 12 \cdot q = GK = 20$$

Daraus folgt:

$$12 \cdot q = 40$$

$$q = \frac{40}{12} = \frac{10}{3}$$

Die Höhe des Preises kann aus der Preis-Absatz-Funktion berechnet werden:

$$p = 60 - 6 \cdot \frac{10}{3} = 40$$

Beide Größen und damit den Cournot'schen Punkt (C) erhält man in der Graphik durch den Schnittpunkt von Grenzerlös- und Grenzkostenkurve.

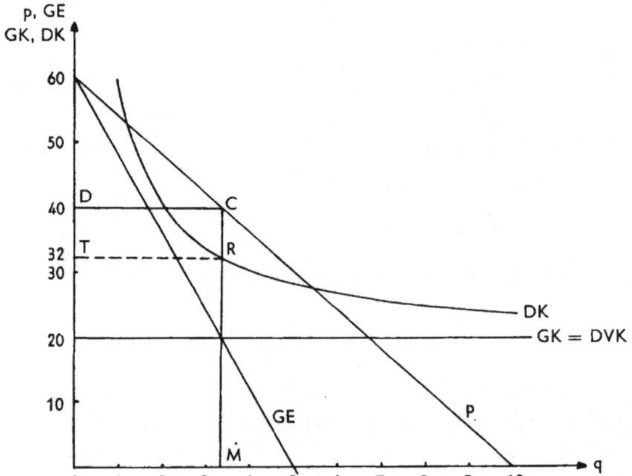

Der Punkt C hat die Koordinaten (p; q) = (40; 3,33). Der (maximale) Gewinn im Cournot'schen Punkt ergibt sich in der Graphik, wenn zusätzlich die Kurve der Durchschnittskosten eingezeichnet wird:

$$DK = \frac{K}{q} = 20 + \frac{40}{q}$$

Der Gewinn kann dann als die Differenz zweier Rechtecke dargestellt werden:

$$G = E - K = OMCD - OMRT = TRCD$$

$$G = \frac{10}{3} \cdot 40 - \frac{10}{3} \cdot 32 = \frac{80}{3} = 26{,}67$$

Der gleiche Betrag kann mit Hilfe der Formeln für E (q) und K (q) errechnet werden:

$$E = 60 \cdot \frac{10}{3} - 6 \cdot \left(\frac{10}{3}\right)^2 = \frac{400}{3}$$

$$K = 20 \cdot \frac{10}{3} + 40 = \frac{320}{3}$$

$$G = E - K = \frac{80}{3} = 26{,}67$$

Teil b: 1) Eine Erhöhung der fixen Kosten ändert nicht die Lage des Cournot'schen Punktes, da die Grenzkosten durch eine Variation der fixen Kosten nicht beeinflußt werden:

$$GE = 60 - 12 \cdot q = GK = 20$$

$$q = \frac{10}{3}$$

Jedoch wird die Höhe des maximalen Gewinns verändert, da die Stückkosten mit den fixen Kosten steigen:

$$K = 20 \cdot q + 50$$

$$DK = 20 + \frac{50}{q}$$

Daraus folgt:

$$G = E - K = p \cdot q - DK \cdot q = q \cdot (p - DK)$$

$$G = \frac{10}{3} \cdot (40 - 35) = \frac{50}{3} = 16{,}67$$

Infolge der größeren Durchschnittskosten ist der Gewinn gesunken. In der Graphik verlagert sich allein die Stückkostenkurve:

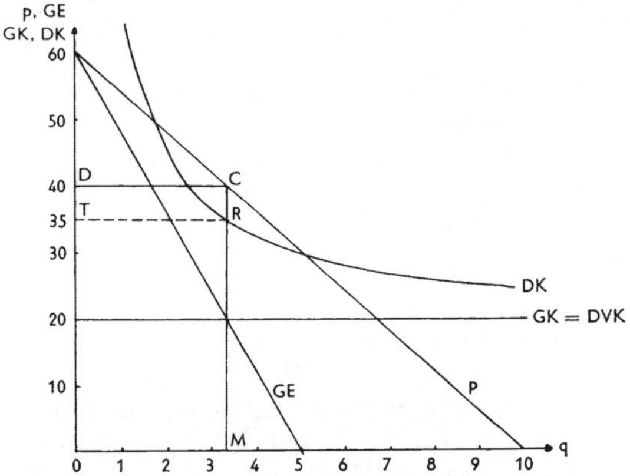

2) Die Vergrößerung der durchschnittlichen variablen Kosten um vier Einheiten ändert dagegen die Grenzkosten und damit die Lage des Cournot'schen Punktes. Da in der linearen Kostenfunktion die variablen Stückkosten den Grenzkosten entsprechen:

$$GK = DVK = 20,$$

muß dieser Parameter um vier Einheiten erhöht werden, so daß die neue Kostenfunktion lautet:

$$K = 24 \cdot q + 40$$

Aus der Bedingung

$$GE = GK$$

können die neuen Koordinaten des Cournot'schen Punktes berechnet werden:

$$GE = 60 - 12 \cdot q = GK = 24$$

$$q = \frac{36}{12} = 3$$

$$p = 60 - 6 \cdot q = 42$$

Die Höhe des maximalen Gewinns ist jetzt:

$$E = 60 \cdot 3 - 6 \cdot 3^2 = 126$$

$$K = 24 \cdot 3 + 40 = 112$$

$$G = E - K = 14$$

In der Graphik ergeben sich die gleichen Größen:

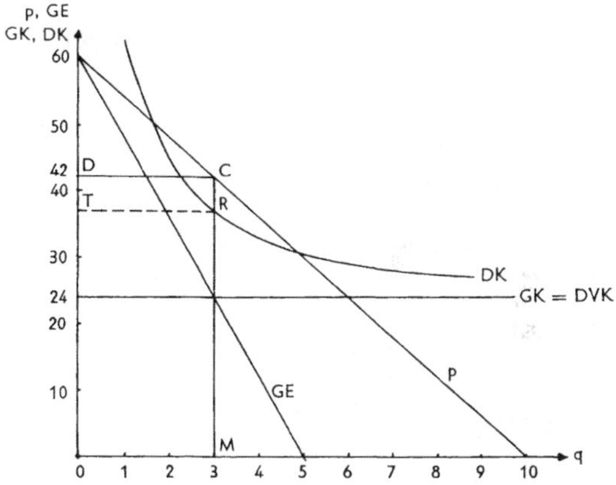

Aufgabe 51

Teil a: Aus der Gleichung des Erlöses ($E = p \cdot q$) des Unternehmers folgt, daß der Preis konstant, d. h. vom Anbieter nicht zu beeinflussen ist:

$$p = 102$$

Daher verhält sich der Unternehmer als Mengenanpasser; der Markt ist vollkommen.

Teil b: Der maximale Gewinn ist nach dem Cournot'schen Theorem durch die Bedingung

Grenzkosten = Grenzerlös

determiniert. Die Grenzkosten werden durch differenzieren der Kostenfunktion gewonnen:

$$GK = \frac{dK}{dq} = 3 \cdot q^2 - 40 \cdot q + 150$$

Der Grenzerlös entspricht auf einem vollkommenen Markt dem Preis:

$$GE = p = 102$$

Durch Gleichsetzen kann man die gewinnmaximale Ausstoßmenge berechnen

$$3 \cdot q^2 - 40 \cdot q + 150 = 102$$

$$q^2 - \frac{40}{3} \cdot q + 16 = 0$$

Diese quadratische Gleichung wird nach der bekannten Regel gelöst:

$$q_{1,2} = \frac{20}{3} \pm \sqrt{\frac{1600}{9 \cdot 4} - 16} = \frac{20}{3} \pm \frac{16}{3}$$

Es interessiert in diesem Zusammenhang nur der Wert q_1:

$$q_1 = \frac{36}{3} = 12$$

Durch Einsetzen in die Formeln für E (q) und K (q) kann der Gewinn ermittelt werden:

$$G = E - K = 1224 - 848 = 376$$

In die Graphik der Kostenkurve (siehe Aufgabe 48) wird die Erlösgerade eingezeichnet. Bei $q = 12$ ergibt sich dann ebenfalls eine Differenz zwischen der E- und K-Kurve in Höhe von $G_{max} = 376$.

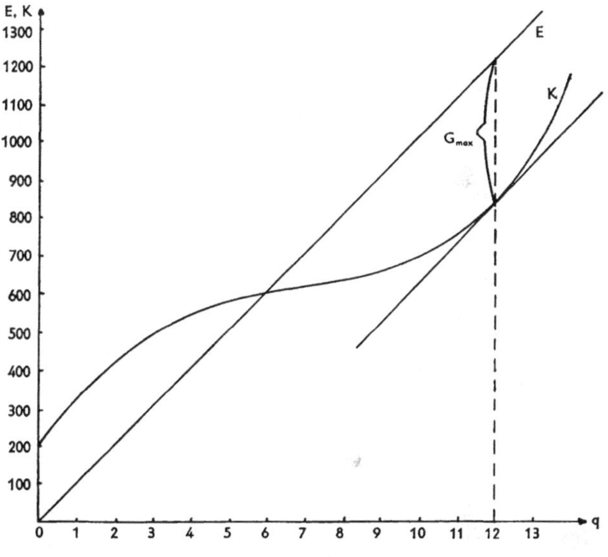

Teil c: Die individuelle Angebotskurve eines Mengenanpassers entspricht der Grenzkostenkurve vom Betriebsminimum an, da im Minimum der variablen Stückkosten die Produktionsschwelle des Anbieters liegt (siehe Aufgabe 50). Das Betriebsminimum ist bei $q = 10$ gegeben (siehe Aufgabe 48). Es ist daher in einer Wertetabelle die Höhe der Grenzkosten für $q \geqslant 10$ zu berechnen:

$$GK = 3 \cdot q^2 - 40 \cdot q + 150$$

q	GK
10	50
11	73
12	102
13	137
14	178
15	225

Die Graphik zeigt folgendes Bild der individuellen Angebotskurve (SS):

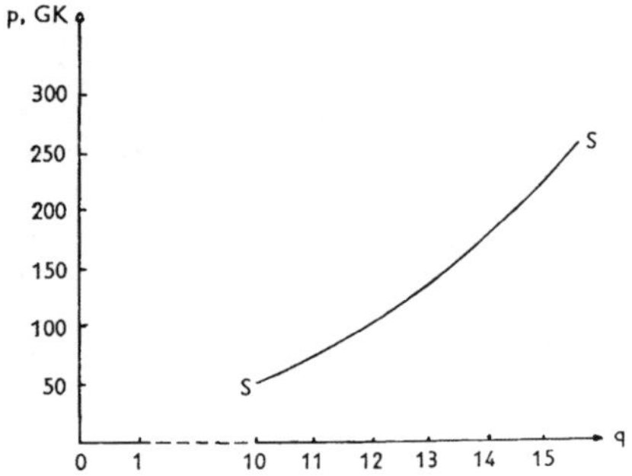

Aufgabe 52

Aus der Gleichung der Durchschnittskosten folgt, daß die Gesamtkosten konstant sind und damit den fixen Kosten entsprechen:

$$K = DK \cdot q = a = FK$$

Die Kostenkurve wäre in einer Graphik als Parallele zur Mengenachse abzubilden.

Der Erlös steigt mit der Ausbringungsmenge proportional an, so daß sich in der Graphik eine Gerade durch den Ursprung ergibt:

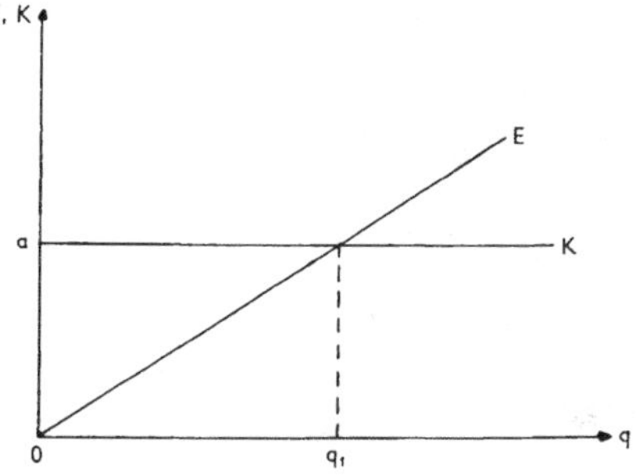

Es ist ersichtlich, daß der Gewinn von der Produktmenge $q = q_1$ (bei der Kostendeckung gegeben ist) an mit wachsendem Ausstoß ständig zunimmt. Der Gewinn, der graphisch durch eine steigende Gerade

$$G = E - K = b \cdot q - a$$

dargestellt werden könnte, ist also maximal, wenn der Unternehmer eine möglichst große Produktmenge erstellt bzw. seine Kapazität voll ausnutzt.

Aufgabe 53

Teil a: Gleichgewichtspreis und -menge sind durch die Parameter der Nachfrage- und Angebotsfunktion eindeutig bestimmt (siehe Teil I, Aufgabe 21):

$$p_0 = \frac{a - c}{d - b} = \frac{8}{4/3} = 6$$

$$q_0 = \frac{a \cdot d - b \cdot c}{d - b} = \frac{8/3}{4/3} = 2$$

Diese Zahlen ergeben sich auch in der graphischen Darstellung (Punkt R):

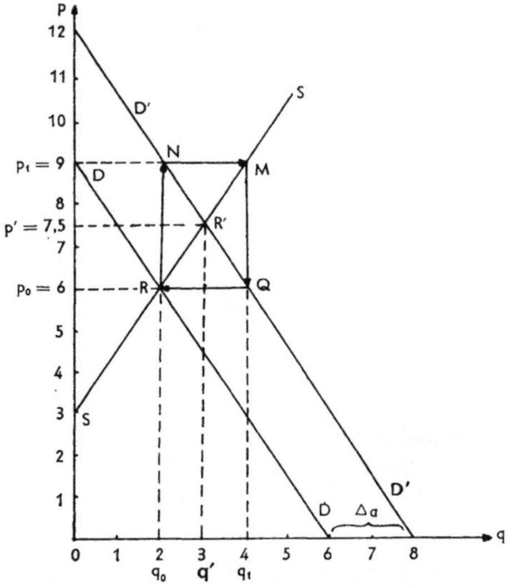

Teil b: Eine Änderung des Parameters a um $\Delta a = 2$ bedeutet eine Parallelverschiebung der Nachfragekurve nach rechts:

$$DD \to D'D'$$

In komparativ-statischer Betrachtung würde sich ein neues Gleichgewicht (Punkt R'; mit $p' = 7{,}5$ und $q' = 3$) ergeben.

Nach dem Spinnwebtheorem wird unterstellt, daß die Nachfrage auf Preisänderungen unmittelbar, das Angebot kurzfristig nicht, langfristig dagegen mit einem time-lag von einer Periode reagiert.

Die Verbesserung der Nachfragebedingungen führt demnach zunächst zu einer Preissteigerung auf $p_1 = 9$ (Punkt N). Auf Grund dieses erhöhten Preises werden die Unternehmer in der nächsten Periode die Menge $q_1 = 4$ anbieten (Punkt M), die aber von der Nachfrage nur zum Preis von $p_0 = 6$ aufgenommen wird (Punkt Q). Die Anbieter vermindern bei diesem Preis die Produktion in der folgenden Periode wieder auf $q_0 = 2$. Bei dieser Menge sind die Nachfrager wiederum bereit, den Preis von $p_1 = 9$ zu zahlen usw.

Es ist ersichtlich, daß der neue Gleichgewichtspunkt (R′) nicht erreicht wird. Vielmehr oszilliert der Preis mit konstanter Amplitude um den labilen Gleichgewichtspreis $p' = 7{,}5$ (R—N—M—Q—R—...), da die Steigungen der beiden Kurven (bis auf das Vorzeichen) gleich sind.

Aufgabe 54

Die Aussage „Der Gleichgewichtspreis ist durch Angebot und Nachfrage bestimmt" ist zunächst tautologisch, denn in der Preistheorie werden Angebots- und Nachfragemengen als Funktionen des Preises dargestellt. Sie können also nicht die Höhe des Preises erklären.

Gemeint ist mit dem obigen Satz, daß die Bestimmungsgründe von Nachfrage und Angebot, die sog. Nachfragebedingungen (z. B. das Einkommen oder die Bedarfsstruktur eines Haushaltes) bzw. Angebotsbedingungen (z. B. die Produktionstechnik oder bestimmte Erwartungen eines Unternehmers), die Höhe des Gleichgewichtspreises determinieren. Diese Bedingungen kommen in den Parametern der Nachfrage- und Angebotsfunktion zum Ausdruck.

Wenn z. B. die Nachfragefunktion

$$q^D = a + b \cdot p$$

und die Angebotsfunktion

$$q^S = c + d \cdot p$$

lauten, ist die Höhe des Gleichgewichtspreises (p_0) eindeutig durch die Parameter der Funktionen festgelegt:

$$p_0 = \frac{a - c}{d - b}$$

(siehe Teil I, Aufgabe 21).

Aufgabe 55

Teil a: Für einen Mengenanpasser ist der Preis Datum; durch seine Dispositionen kann er die Höhe des Preises nicht beeinflussen. Die Menge des angebotenen Gutes ist Aktionsparameter, d. h. der Anbieter kann die Gütermenge nach eigenem Ermessen festsetzen.

Als Grenzfall der Preis-Absatz-Funktion ergibt sich in der Graphik eine Parallele zur Mengenachse:

Teil b: Für den Preisfixierer ist die konjekturale Preis-Absatz-Funktion (d. h. eine in der Vorstellung des Anbieters vorhandene Beziehung zwischen Preis und Menge des Gutes) vorgegeben (Datum). Der Preis ist Aktions-, die Menge des Gutes Erwartungsparameter. Bei Setzung eines festen Preises ($p = p_1$) muß der Anbieter mit dem Absatz einer bestimmten Gütermenge ($q = q_1$) rechnen. In der Preis-Mengen-Beziehung ist der Preis unabhängige, die Menge abhängige Variable:

$$q = f(p)$$

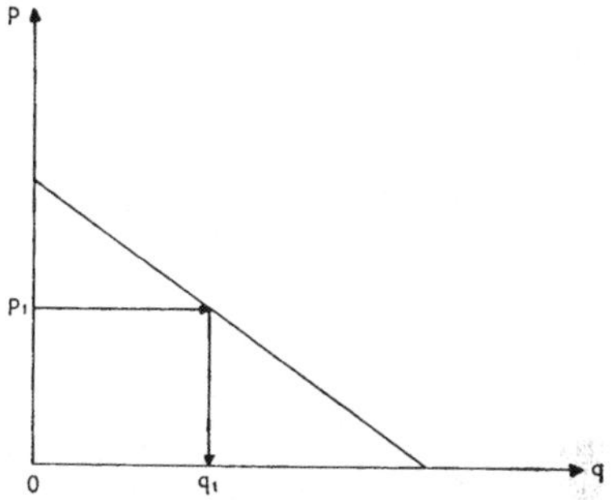

Teil c: Auch der Mengenfixierer besitzt eine konjekturale Preis-Absatz-Funktion als Datum. Er kann jedoch die Menge des Gutes festlegen ($q = q_2$) und muß dann einen bestimmten Preis ($p = p_2$) erwarten. Daher ist die Menge unabhängige, der Preis abhängige Variable:

$$p = f(q)$$

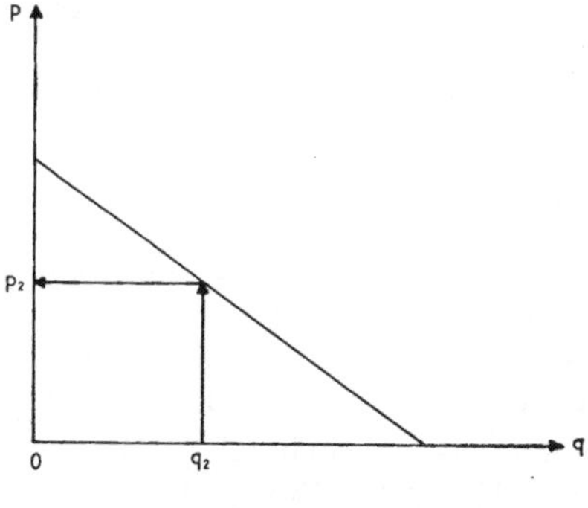

Aufgabe 56

Der Triffin'sche Koeffizient bemißt die Stärke der Konkurrenzbeziehung zwischen zwei Anbietern A und B. Es wird davon ausgegangen, daß die Absatzmenge des

Unternehmers B von Preisänderungen des Unternehmers A abhängig ist:

$$q_B = f(p_A)$$

Der Triffin'sche Koeffizient (τ) entspricht dann der Kreuzpreiselastizität:

$$\tau = e_{q_B, p_A} = \frac{d q_B}{q_B} : \frac{d p_A}{p_A}$$

Ist $\tau = 0$, so hat eine Preisänderung des Unternehmers A auf die Absatzmenge des Unternehmers B keinen Einfluß ($d q_B = 0$). Es liegt daher keine Konkurrenzbeziehung, sondern eine Monopolsituation (,isolated selling') vor.

Ist $\tau = \infty$, so wird auch die kleinste Preisänderung des Anbieters A eine Variation der Absatzmenge des Anbieters B bewirken. Die von den beiden Unternehmern A und B angebotenen Güter sind homogen (,homogene Konkurrenz').

Liegt τ zwischen 0 und ∞, so beeinflußt die Preisänderung des Unternehmers A die Absatzmenge des Unternehmers B nicht sehr stark, aber durchaus spürbar (,heterogene Konkurrenz').

Aufgabe 57

Ein ,vollkommener Markt', auf dem für alle Anbieter der Marktpreis einheitlich ist, kann als Idealtyp durch folgende Charakteristika beschrieben werden:

1) Die Anbieter verhalten sich als Mengenanpasser.

2) Es liegen keine persönlichen, sachlichen, räumlichen oder zeitlichen Präferenzen vor, so daß die angebotenen Güter homogen (in den Augen der Nachfrager ökonomisch identisch) sind.

3) Es besteht eine völlige Transparenz (,Überschaubarkeit') auf dem Markt.

4) Der Marktanteil des einzelnen Unternehmers am Gesamtangebot ist sehr gering (‚atomistische Konkurrenz‘).

5) Es herrscht völlige Freiheit hinsichtlich des Vertragsschlusses.

Aufgabe 58

Teil a: Die Graphik zeigt eine geknickte Preis-Absatz-Funktion (MCN). Ausgehend von einem bestimmten Marktpreis p_0 wird sich der Anbieter bei einer Preissenkung oligopolistisch verhalten (d. h. er rechnet damit, daß die Mitanbieter ebenfalls den Preis verringern; Teil CN der Kurve), bei einer Preissteigerung dagegen polypolistisch (die Konkurrenten erhöhen den Preis nicht; Teil MC der Kurve). Die Preis-Absatz-Funktion verläuft im unteren Teil flacher, da sich bei vermindertem Preis der Absatz des Unternehmers nicht so stark ausdehnt, wie bei Nichtreaktion der Mitanbieter zu erwarten wäre.

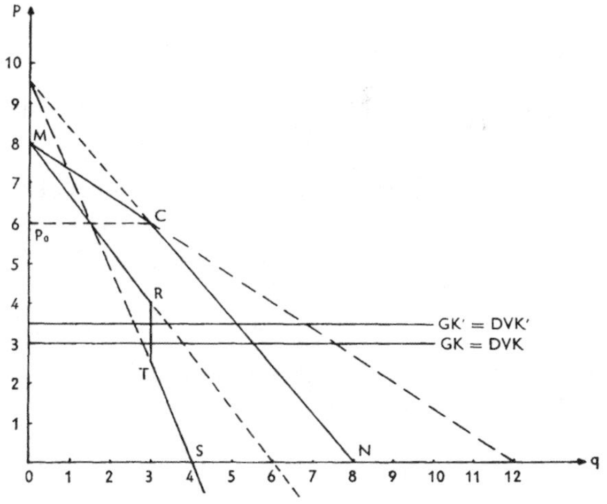

Teil b: Zur Ermittlung des maximalen Gewinns wird die Grenzerlöskurve eingezeichnet, die aus der Preis-Absatz-Funktion abzuleiten ist.

Im Bereich $0 \leq q \leq 3$ gilt:

$$GE = 8 - \frac{4}{3} \cdot q$$

und im Bereich $3 \leq q \leq 8$:

$$GE = \frac{48}{5} - \frac{12}{5} \cdot q$$

Daher ergibt sich als Grenzerlöskurve der Streckenzug MRTS (mit einer Unstetigkeitsstelle zwischen R und T).

Aus der Kostenkurve können die Grenzkosten bestimmt werden:

$$GK = \frac{dK}{dq} = 3$$

Die Kurve der Grenzkosten ist eine Parallele zur Abszisse, da die Grenzkosten konstant sind.

Das Gewinnmaximum wird erreicht, wenn der Grenzerlös gleich den Grenzkosten ist. In der Graphik ist ersichtlich, daß die Grenzkostenkurve die Grenzerlöskurve im Unstetigkeitsbereich schneidet. Die gewinnmaximale Preis-Absatz-Kombination ist demnach:

$$(p_0; q_0) = (6; 3)$$

Teil c: Aus der Kostenfunktion

$$K = 3 \cdot q + 4$$

folgt, daß die variablen Stückkosten der Steigung der Kostenkurve entsprechen:

$$DVK = \frac{VK}{q} = \frac{3 \cdot q}{q} = 3 = GK$$

Eine Änderung der DVK um 0,5 Einheiten vergrößert damit die Steigung der Kostenkurve:

$$\text{DVK}' = 3{,}5 = \text{GK}'$$

Die Gerade der Grenzkosten verschiebt sich in der Graphik um 0,5 Einheiten parallel nach oben. Dabei ändert sich weder der Preis noch die Absatzmenge des Unternehmers, denn die neue GK-Kurve (GK') schneidet die Grenzerlöskurve wiederum im Unstetigkeitsbereich. Die Preis-Absatz-Planung des Unternehmers wird nicht beeinflußt.

Teil d: In dieser Situation ist die Preis-Absatz-Funktion nach oben geknickt:

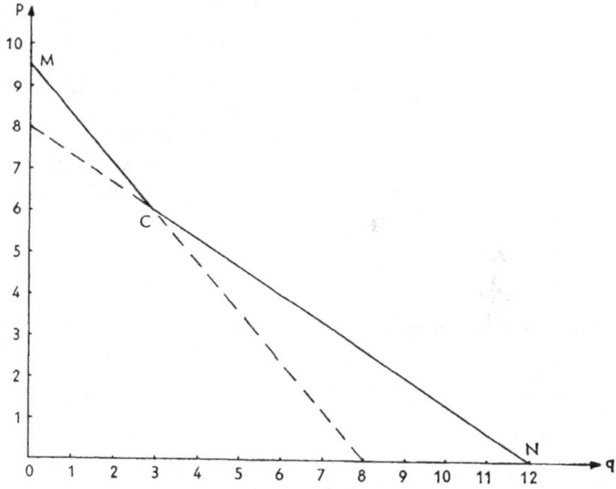

Der Unternehmer rechnet jetzt damit, daß die Mitanbieter bei Preissteigerungen ebenfalls die Preise erhöhen (oligopolistisches Verhalten; Teil MC der Kurve), dagegen bei Preissenkungen nicht mitziehen (polypolistisches Verhalten; Teil CN der Kurve), eine Verhaltensweise, die in gewissen Industriebereichen in neuerer Zeit beobachtet worden ist.

Aufgabe 59

Von Preisdifferenzierung wird gesprochen, wenn ein Unternehmer in einer bestimmten Planungsperiode den Absatzmarkt seines von ihm produzierten Gutes in Teilmärkte aufteilt, indem auf den einzelnen Märkten unterschiedliche Preise für die Nachfrager gesetzt werden. Dabei wird zwischen personeller (der Grund der Differenzierung liegt in der Person des Nachfragers), materieller (die Ursache liegt im Objekt), geographischer (das Motiv ist die unterschiedliche geographische Lage der einzelnen Käufer) und zeitlicher Preisdifferenzierung (bei zeitlich gestaffelten Leistungen) unterschieden.

Der Anbieter wird die Preisdifferenzierung durchführen, wenn der Gewinn dadurch maximiert wird. Deshalb wird der Unternehmer auf sämtlichen Teilmärkten das Cournot'sche Theorem zu verwirklichen suchen. Unter der Annahme, daß n Teilmärkte geschaffen worden sind, gilt dann:

$$GK = GE_1 = GE_2 = \ldots = GE_n$$

Die Grenzerlöse können nach der Robinson-Amoroso-Relation durch die Preise und Absatzelastizitäten ($e_{q,\,p}$) ausgedrückt werden, so daß geschrieben werden kann:

$$GK = p_1 \cdot \left(1 + \frac{1}{e_1}\right) = p_2 \cdot \left(1 + \frac{1}{e_2}\right) = \ldots = p_n \cdot \left(+ 1 \frac{1}{e_n}\right)$$

Daraus folgt:

$$p_1 : p_2 : \ldots : p_n = \left(1 + \frac{1}{e_n}\right) : \left(1 + \frac{1}{e_{n-1}}\right) : \ldots : \left(1 + \frac{1}{e_1}\right)$$

Wenn ein Unternehmer also unter der Zielsetzung der Gewinnmaximierung die Preise differenzieren will, so müssen verschiedene Absatzelastizitäten auf den Teilmärkten gegeben sein, und zwar muß der Preis auf dem Markt mit der absolut größeren Elastizität kleiner sein als der Preis auf dem Markt mit der absolut geringeren Elastizität:

wenn: $|e_1| < |e_2| < \ldots < |e_n|$

dann: $p_1 > p_2 > \ldots > p_n$

Aufgabe 60

Die klassische Auffassung, daß nur bei freiem Preiswettbewerb die Weiterentwicklung einer Volkswirtschaft gewährleistet sei, daß dagegen bei einer Monopolisierung der Wirtschaft die Tendenz zu einer Stabilisierung einer vorhandenen Situation bestehe, ist durch die Erfahrung nicht bestätigt worden. Vielmehr hat sich gezeigt, daß bei einem Ausscheiden des Preiswettbewerbs das Herausbilden anderer Wettbewerbsformen dazu führte, daß eine Konkurrenz als solche bestehenblieb.

In vielen Bereichen einer modernen Volkswirtschaft sind nicht-atomistische Marktformen gegeben (beispielsweise Oligopole in der Industrie, Polypole im Gewerbe und Handel), die oft zu stillschweigender (z. B. Gewohnheiten, die sich im Laufe der Zeit gebildet haben) oder vereinbarter (z. B. Kartelle, Preisbindung der zweiten Hand) Vermeidung von Preiswettbewerb und damit zu stabilen Preisen führen. Die Regulierung der Märkte durch den Preis wird ersetzt durch den Nicht-Preiswettbewerb, der in verschiedenen Formen auftreten kann: Werbung, unterschiedliche Qualität und Gestaltung der Produkte, differenzierte Verkaufsbedingungen (z. B. Rabatte, Kundendienst), Pflege der ‚public relations‘ usw.

Aufgabe 61

Ein Kartell ist ein Zusammenschluß mehrerer Unternehmungen, die rechtlich selbständig bleiben, zum Zwecke der Erreichung eines bestimmten Marktverhaltens (z. B. einheitliche Preise oder Verkaufsbedingungen, Aufteilung des Absatzgebietes oder der Absatzquoten, gemeinsame Verkaufsstellen usw.).

Kartellbildungen in einer Volkswirtschaft werden erleichtert, wenn oligopolistische Märkte mit wenigen Marktteilnehmern gegeben sind, die nur geringe Zutrittsmöglichkeiten für neue Unternehmen bieten. Eine Homogenität der produzierten Güter und eine lokale Konzentration mehrerer Unternehmen fördern ebenfalls den Zusammenschluß. Es kommt aber immer darauf an, ob der Staat die Kartellbildung gestattet bzw. sogar unterstützt (vgl. Kartellgesetz der BRD).

Aufgabe 62

Der Begriff ‚countervailing powers' geht auf Galbraith zurück. Die Theorie besagt, daß sich in einer modernen Volkswirtschaft bei Machtgruppierungen auf einer Seite des Marktes Gegenmächte auf der anderen Seite bilden. Wirtschaftliche Macht kommt in Monopolstellungen zum Ausdruck, die zu einer Beseitigung der freien Konkurrenz führen. Nach Galbraith sorgen die Machtpositionen auf der Gegenseite dafür, daß ein gewisser Ausgleich geschaffen wird. Der fehlende Preiswettbewerb des vollkommenen Marktes wird durch einen Mechanismus sich wechselseitig kompensierender Machtbildungen substituiert.

Aufgabe 63

Die Aussage kann an Hand einer Graphik erklärt werden.

Das Gewinnmaximum eines atomistischen Anbieters, der sich als Mengenanpasser verhält, kann durch den Schnittpunkt der Preisgeraden und der Grenzkostenkurve gefunden werden:

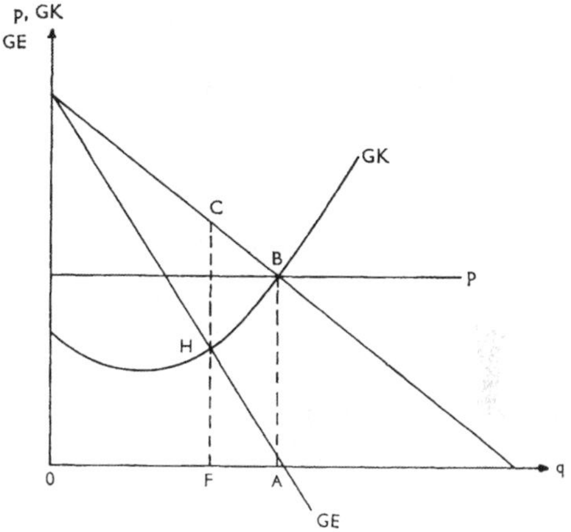

Bei einem datierten Preis $p_1 = AB$ bietet der Unternehmer die Menge $q_1 = OA$ an.

Zur Darstellung der Monopolsituation wird die Preisgerade um den Punkt B gedreht, so daß eine geneigte Preis-Absatz-Funktion entsteht. Bei gleicher Kostenstruktur ist die gewinnmaximale Produktmenge durch den Schnittpunkt der gegebenen Grenzkostenkurve und der Grenzerlöskurve (die aus der Preis-Absatz-Funktion konstruiert werden kann, siehe Aufgabe 31) bestimmt (Punkt H). Der Unternehmer wird in dieser Situation die Menge $q = OF$ anbieten und den Preis $p = FC$ erzielen (oder umgekehrt).

Es ist ersichtlich, daß der Monopolpreis größer,

$$p = FC > p_1 = AB$$

die Angebotsmenge dagegen kleiner als bei atomistischer Konkurrenz ist:

$$q = OF < q_1 = OA$$

Sammlung Göschen

Gesamtverzeichnis

Jeder Band DM 3,60 · Doppelband DM 5,80
Dreifachband DM 7,80

Herbst 1967

Walter de Gruyter & Co · Berlin 30

Die Bände der **Sammlung Göschen** vermitteln in konzentrierter Form den grundlegenden Stoff für das Studium der einzelnen wissenschaftlichen Disziplinen. Sie sind nicht nur Hilfsmittel für die Arbeit an Universitäten und Hochschulen, sondern auch vorzüglich geeignet für Fachschulen, Arbeitskreise und zum Selbststudium. Die Fülle des Materials hat sich besonders für die Vorbereitung zu Examina und Prüfungen bewährt. Auch eine schnelle Orientierung geht hier niemals auf Kosten der Gründlichkeit.

Inhaltsübersicht

Geisteswissenschaften

Philosophie

Einführung in die Philosophie von H. Leisegang †. 6. Aufl. 145 S. 1966. (281)

Hauptprobleme der Philosophie von G. Simmel †. 8., unveränd. Aufl. 177 S. 1964. (500)

Geschichte der Philosophie

I: Die griechische Philosophie von W. Capelle. 1. Tl. Von Thales bis Leukippos. 3., erw. Aufl. Etwa 135 S. In Vorb. (857)

II: Die griechische Philosophie von W. Capelle. 2. Tl. Von der Sophistik bis zum Tode Platons. 3., stark erw. Aufl. Etwa 144 S. In Vorb. (858)

III: Die griechische Philosophie von W. Capelle. 3. Tl. Vom Tode Platons bis zur Alten Stoa. 2., stark erw. Aufl. 132 S. 1954. (859)

IV: Die griechische Philosophie von W. Capelle. 4. Tl. Von der Alten Stoa bis zum Eklektizismus im 1. Jh. v. Chr. 2., stark erw. Aufl. 132 S. 1954. (863)

V: Die Philosophie des Mittelalters von J. Koch. In Vorb. (826)

VI: Von der Renaissance bis Kant von K. Schilling. 234 S. 1954. (394/394a)

VII: Immanuel Kant von F. Kaulbach. In Vorb. (536)

VIII: Die Philosophie des 19. Jahrhunderts von G. Lehmann. 1. Tl. 151 S. 1953. (571)

IX: Die Philosophie des 19. Jahrhunderts von G. Lehmann. 2. Tl. 168 S. 1953. (709)

X: Die Philosophie im ersten Drittel des 20. Jahrhunderts 1. Tl. von G. Lehmann. 128 S. 1957 (845)

XI: Die Philosophie im ersten Drittel des 20. Jahrhunderts 2. Tl. von G. Lehmann. 114 S. 1960. (850)

Die geistige Situation der Zeit (1931) von K. Jaspers. 6. Abdr. der im Sommer 1932 bearb. 5. Aufl. 211 S. 1965. (1000)

Formale Logik von P. Lorenzen. 3., durchges. u. erw. Aufl. 184 S. 1967. (1176/1176a)

Philosophisches Wörterbuch von M. Apel †. 5., völl. neu bearb. Aufl. von P. Ludz. 315 S. 1958. (1031/1031a)

Philosophische Anthropologie. Menschliche Selbstdeutung in Geschichte und Gegenwart von M. Landmann. 2., durchges. Aufl. 223 S. 1964. (156/156a)

GEISTESWISSENSCHAFTEN

Pädagogik, Psychologie, Soziologie

Geschichte der Pädagogik von Herm. Weimer. 17., neubearb. Aufl. von Heinz Weimer 205 S. 1967. (145/145a)

Therapeutische Psychologie. Ihr Weg durch die Psychoanalyse von W. M. Kranefeldt M. e. Einf. von C. G. Jung. 3. Aufl. 152 S. 1956. (1034)

Allgemeine Psychologie von Th Erismann†. 4 Bde.

I: Grundprobleme. 3. Aufl. 146 S. 1965. (831)

II: Grundarten des psychischen Geschehens. 2., neubearb. Aufl. 248 S. 1959. (832/832a)

III: Experimentelle Psychologie und ihre Grundlagen. 1. Tl. 2., neubearb. Aufl. 112 S., 7 Abb. 1962. (833)

IV: Experimentelle Psychologie und ihre Grundlagen. 2. Tl. 2., neubearb. Aufl. 199 S. 20 Abb. 1962. (834/834a)

Soziologie. Geschichte und Hauptprobleme von L. von Wiese. 8. Aufl. 183 S. 1967. (101/101a)

Ideengeschichte der sozialen Bewegung des 19. und 20. Jh. von W. Hofmann. 2. Aufl. In Vorb (1205/1205a)

Sozialpsychologie von P.R. Hofstätter. 3. Aufl. 191 S., 18 Abb. 1967. (104/104a)

Psychologie des Berufs und Wirtschaftslebens von W. Moede†. 190 S. 48 Abb. 1958. (851/851a)

Industrie- und Betriebssoziologie von R. Dahrendorf. 4. Aufl. 142 S., 3 Fig. 1967 (103)

Wirtschaftssoziologie von F. Fürstenberg. 122 S. 1961. (1193)

Einführung in die Sozialethik von H.-D. Wendland. 144 S. 1963. (1203)

Religion

Jesus von M. Dibelius†. 4. Aufl. m. e. Nachtr. von W. G. Kümmel. 140 S. 1966. (1130)

Paulus von M. Dibelius†. Nach dem Tode des Verf. hrsg. u. zu Ende gef. von W. G. Kümmel. 3., durchges. Aufl. 156 S. 1964. (1160)

Luther von F. Lau. 2., verb. Aufl. 153 S. 1966. (1187)

Melanchthon von R. Stupperich. 139 S. 1960. (1190)

Zwingli von F. Schmidt-Clausing. 119 S. 1965. (1219)

Schleiermacher. Leben und Werk von M. Redeker. In Vorb. (1177/1177a)

Sören Kierkegaard. Leben u. Werk von H. Gerdes. 134 S. 1966. (1221)

Einführung in die Konfessionskunde der orthodoxen Kirchen von K. Onasch. 291 S. 1962. (1197/1197a)

Geschichte des christlichen Gottesdienstes von W. Nagel. 215 S. 1962. (1202/1202a)

Geschichte Israels. Von den Anfängen bis zur Zerstörung des Tempels (70 n. Chr.) von E. L. Ehrlich. 2. Aufl. In Vorb. (231/231 a)

Römische Religionsgeschichte von F. Altheim. 2 Bde. 2., umgearb. Aufl.
I: Grundlagen und Grundbegriffe. 116 S. 1956. (1035)
II: Der geschichtliche Ablauf. 164 S. 1956. (1052)

Die Religion des Buddhismus von D. Schlingloff. 2 Bde.
I: Der Heilsweg des Mönchstums. 122 S., 11 Abb., 1 Kte. 1962. (174)
II: Der Heilsweg für die Welt. 129 S., 9 Abb., 1 Kte. 1963. (770)

Musik

Musikästhetik von H. J. Moser. 180 S. M. zahlr. Notenbeisp. 1953. (344)

Systematische Modulation von R. Hernried. 2. Aufl. 136 S. M. zahlr. Notenbeisp. 1950. (1094)

Der polyphone Satz von E. Pepping. 2 Bde.
I: Der cantus-firmus-Satz. 2. Aufl. 233 S. Mit zahlr. Notenbeisp. 1950. (1148)
II: Übungen im doppelten Kontrapunkt und im Kanon. 137 S. M. zahlr. Notenbeisp. 1957. (1164/1164 a)

Allgemeine Musiklehre von H. J. Moser. 2., durchges. Aufl. 155 S. M. zahlr. Notenbeisp. 1955. (220/220 a)

Harmonielehre von H. J. Moser. 2 Bde.
I: 109 S. M. 120 Notenbeisp. 1954. (809)
II: In Vorb. (810)

Die Musik des 19. Jahrhunderts von W. Oehlmann. 180 S. 1953. (170)

Die Musik des 20. Jahrhunderts von W. Oehlmann. 312 S. 1961. (171/171 a)

Technik der deutschen Gesangskunst von H. J. Moser. 3., durchges. u. verb. Aufl. 144 S., 5 Fig., sowie Tab. u. Notenbeisp. 1954. (576/576 a)

Die Kunst des Dirigierens von H. W. von Waltershausen†. 2., verm. Aufl. 138 S. M. 19 Notenbeisp. 1954. (1147)

Die Technik des Klavierspiels aus dem Geiste des musikalischen Kunstwerkes von K. Schubert†. 3. Aufl. 110 S. M. Notenbeisp. 1954. (1045)

Kunst

Stilkunde von H. Weigert. 2 Bde.
I: Vorzeit, Antike, Mittelalter. 4. Aufl. Etwa 136 S., 94 Abb. In Vorb. (80)
II: Spätmittelalter und Neuzeit. 3., durchges. u. erg. Aufl. 150 S., 88 Abb. 1958. (781)

Archäologie von A. Rumpf. 3 Bde.
I: Einleitung, historischer Überblick. 143 S., 6 Abb., 12 Taf. 1953. (538)
II: Die Archäologensprache. Die antiken Reproduktionen. 136 S., 7 Abb., 12 Taf. 1956. (539)
III: In Vorb. (540)

GEISTESWISSENSCHAFTEN

Geschichte

Einführung in die Geschichtswissenschaft von P. Kirn. 5., bearb. u. erg. Aufl. von J. Leuschner. 127 S. 1968. (270/270a)

Einführung in die Zeitgeschichte von B. Scheurig. 101 S. 1962. (1204)

Zeitrechnung der römischen Kaiserzeit, des Mittelalters und der Neuzeit für die Jahre 1—2000 n. Chr. von H. Lietzmann†. 3. Aufl., durchges. von K. Aland. 130 S. 1956. (1085)

Kultur der Urzeit von F. Behn. 3 Bde. 4. Aufl. der Kultur der Urzeit Bd. 1—3 von M. Hoernes.
- I: Die vormetallischen Kulturen. (Die Steinzeiten Europas. Gleichartige Kulturen in anderen Erdteilen.) 172 S., 48 Abb. 1950. (564)
- II: Die älteren Metallkulturen. (Der Beginn der Metallbenutzung, Kupfer- und Bronzezeit in Europa, im Orient und in Amerika.) 160 S., 67 Abb. 1950. (565)
- III: Die jüngeren Metallkulturen. (Das Eisen als Kulturmetall, Hallstatt-Latène-Kultur in Europa. Das erste Auftreten des Eisens in den anderen Weltteilen.) 149 S. 60 Abb. 1950. (566)

Vorgeschichte Europas von F. Behn. Neuaufl. In Vorb. (42)

Der Eintritt der Germanen in die Geschichte von J. Haller†. 3. Aufl., durchges. von H. Dannenbauer. 120 S. 6 Kartensk. 1957. (1117)

Von den Karolingern zu den Staufern. Die altdeutsche Kaiserzeit (900—1250) von J. Haller†. 5., durchges. Aufl. von H. Dannenbauer. 142 S., 4 Ktn. 1968. In Vorb. (1065)

Von den Staufern zu den Habsburgern. Auflösung des Reichs und Emporkommen der Landesstaaten (1250—1519) von J. Haller†. 2., durchges. Aufl. von H. Dannenbauer 118 S., 6 Kartensk. 1960. (1077)

Deutsche Geschichte im Zeitalter der Reformation, der Gegenreformation und des dreißigjährigen Krieges von F. Hartung. 2., durchges. Aufl. 128 S. 1963. (1105)

Deutsche Geschichte von 1648—1740. Politischer und geistiger Wiederaufbau von W. Treue. 120 S. 1956 (35)

Deutsche Geschichte von 1713—1806. Von der Schaffung des europäischen Gleichgewichts bis zu Napoleons Herrschaft von W. Treue. 168 S. 1957. (39)

Deutsche Geschichte von 1806—1890. Vom Ende des alten bis zur Höhe des neuen Reiches von W. Treue. 128 S. 1961. (893)

Deutsche Geschichte von 1890 bis zur Gegenwart von W. Treue. In Vorb. (894)

Quellenkunde der Deutschen Geschichte im Mittelalter (bis zur Mitte des 15. Jahrhunderts) von K. Jacob† 3 Bde.
- I: Einleitung Allgemeiner Teil. Die Zeit der Karolinger. 6. Aufl., bearb. von H. Hohenleutner. 127 S. 1959. (279)
- II: Die Kaiserzeit (911—1250). 5. Aufl., neubearb. von H. Hohenleutner. 141 S. 1961. (280)

III: Das Spätmittelalter (vom Interregnum bis 1500). Hrsg. von F. Weden. 152 S. 1952. (284)

Geschichte Englands von H. Preller. 2 Bde.
I: bis 1815. 4., erw. Aufl. Etwa 135 S., 7 Stammtaf., 2 Ktn. 1967. (375/375a)
II: Von 1815 bis 1910. 2., völl. umgearb. Aufl. 118 S., 1 Stammtaf., 7 Ktn. 1954. (1088)

Römische Geschichte von F. Altheim. 4 Bde. 2., verb. Aufl.
I: Bis zur Schlacht bei Pydna (168 v. Chr.). 124 S. 1956. (19)
II: Bis zur Schlacht bei Actium (31 v. Chr.). 129 S. 1956. (677)
III: Bis zur Schlacht an der Milvischen Brücke (312 n. Chr.). 148 S. 1958. (679)
IV: Bis zur Schlacht am Yarmuk (636 n. Chr.). In Vorb. (684)

Geschichte der Vereinigten Staaten von Amerika von O. Graf zu Stolberg-Wernigerode. 192 S., 10 Ktn. 1956. (1051/1051a)

Deutsche Sprache und Literatur

Geschichte der deutschen Sprache von H. Sperber. 5., neubearb. Aufl. von P. von Polenz. 136 S. 1966. (915)

Deutsches Rechtschreibungswörterbuch von M. Gottschaldt†. 2., verb. Aufl. 269 S. 1953. (200/200a)

Deutsche Wortkunde. Kulturgeschichte des deutschen Wortschatzes von A. Schirmer. 5. Aufl. von W. Mitzka. 125 S. 1965. (929)

Deutsche Sprachlehre von W. Hofstaetter. 10. Aufl. Völl. Umarb. der 8. Aufl. 150 S. 1960. (20)

Stimmkunde für Beruf, Kunst und Heilzwecke von H. Biehle. 111 S. 1955. (60)

Redetechnik. Einführung in die Rhetorik von H. Biehle. 2., erw. Aufl. 151 S. 1961. (61)

Grundlagen der Sprecherziehung von J. Jesch. 93 S., 8 Abb. 1967. (1122)

Deutsches Dichten und Denken von der germanischen bis zur staufischen Zeit von H. Naumann†. (Deutsche Literaturgeschichte vom 5.—13. Jahrhundert.) 3., verb. Aufl. In Vorb. (1121)

Deutsches Dichten und Denken vom Mittelalter zur Neuzeit von G. Müller (1270 bis 1700). 3., durchges. Aufl. In Vorb. (1086)

Deutsches Dichten und Denken von der Aufklärung bis zum Realismus (Deutsche Literaturgeschichte von 1700—1890) von K. Viëtor†. 3., durchges. Aufl. 159 S. 1958. (1096)

Deutsche Heldensage von H. Schneider. 2. Aufl., bearb. von R. Wisniewski. 148 S. 1964. (32)

Der Nibelunge Nôt in Auswahl. Mit kurzem Wörterbuch hrsg. von K. Langosch. 11., durchges. Aufl. 166 S. 1966. (1)

Kudrun und Dietrich-Epen in Auswahl mit Wörterbuch von O. L. Jiriczek. 6. Aufl., bearb. von R. Wisniewski. 173 S. 1957. (10)

Wolfram von Eschenbach, Parzifal. Eine Auswahl mit Anmerkungen und Wörterbuch von H. Jantzen. 3. Aufl., bearb. von H. Kolb. 128 S. 1966. (921)

Hartmann von Aue. Der arme Heinrich nebst einer Auswahl aus der „Klage" dem „Gregorius" und den Liedern (mit einem Wörterverzeichnis) hrsg. von F. Maurer. 2. Aufl. 96 S. 1968. Im Druck. (18)

Gottfried von Straßburg. Tristan und Isolde in Auswahl hrsg. von F. Maurer. 2. Aufl. 142 S. 1965. (22)

Die deutschen Personennamen von M. Gottschaldt†. 2., verb. Aufl. 151 S. 1955. (422)

Althochdeutsches Elementarbuch. Grammatik und Texte von H. Naumann† u. W. Betz. 4., verb. u. verm. Aufl. 183 S. 1967. (1111/1111a)

Mittelhochdeutsche Grammatik von H. de Boor u. R. Wisniewski. 5., durchges. Aufl. 150 S. 1967. (1108)

Indogermanisch, Germanisch

Indogermanische Sprachwissenschaft von H. Krahe. 2 Bde.
I: Einleitung und Lautlehre. 5. Aufl. 110 S. 1966. (59)
II: Formenlehre. 4., neubearb. Aufl. 100 S. 1963. (64)

Sanskrit-Grammatik mit sprachvergleichenden Erläuterungen von M. Mayrhofer. 2., völl. neu bearb. Aufl. 110 S. 1965. (1158/1158a)

Altirische Grammatik von J. Pokorny. 2. Aufl. 1968. (896/896a)

Gotisches Elementarbuch. Grammatik, Texte mit Übersetzung und Erläuterungen von H. Hempel. 4., neubearb. Aufl. 169 S. 1966. (79/79a)

Altnordisches Elementarbuch. Einführung, Grammatik, Texte (zum Teil mit Übersetzung) und Wörterbuch von F. Ranke. 3., völl. umgearb. Aufl. von D. Hofmann. 205 S. 1967. (1115/1115a/1115b)

Germanische Sprachwissenschaft von H. Krahe. 3 Bde.
I: Einleitung und Lautlehre. 6. Aufl. 147 S. 1966. (238)
II: Formenlehre. 6. Aufl. 149 S. 1967. (780)
III: Wortbildungslehre von W. Meid. 270 S. 1967. (1218/1218a/1218b)

Englisch, Romanisch

Altenglisches Elementarbuch. Einführung, Grammatik, Texte mit Übersetzung und Wörterbuch von M. Lehnert. 6., verb. Aufl. 178 S. 1965. (1125)

Mittelenglisches Elementarbuch von H. Weinstock. 1967. In Vorb. (1226/1226a/1226b)

Historische neuenglische Laut- und Formenlehre von E. Ekwall. 4., verb. Aufl. 150 S. 1965. (735)

Englische Phonetik von H. Mutschmann†. 2. Aufl., bearb. von G. Scherer. 127 S. 1963. (601)

Englische Literaturgeschichte von F. Schubel. 4 Bde.
- I: Die alt- und mittelenglische Periode. 2., neubearb. Aufl. 189 S. 1967. (1114/1114a)
- II: Von der Renaissance bis zur Aufklärung. 160 S. 1956. (1116)
- III: Romantik und Viktorianismus. 160 S. 1960. (1124)

Beowulf. Eine Auswahl mit Einführung, teilweiser Übersetzung, Anmerkungen und etymologischem Wörterbuch von M. Lehnert. 4., verb. Aufl. 135 S. 1967. (1135)

Shakespeare von P. Meißner†. 2. Aufl., neubearb. von M. Lehnert. 136 S. 1954. (1142)

Romanische Sprachwissenschaft von H. Lausberg. 4 Bde.
- I: Einleitung und Vokalismus. 2., durchges. Aufl. 211 S. 1963. (128/128a)
- II: Konsonantismus. 2., durchges. Aufl. 95 S. 1967. (250)
- III: Formenlehre. 1. Teil. 99 S. 1962. (1199)
- III: Formenlehre. 2. Teil. S. 99—260. 1962. (1200/1200a)
- IV: Wortlehre. In Vorb. (1208)

Griechisch, Lateinisch

Griechische Sprachwissenschaft von W. Brandenstein. 3 Bde.
- I: Einleitung, Lautsystem, Etymologie. 160 S. 1954. (117)
- II: Wortbildung und Formenlehre. 192 S. 1959. (118/118a)
- III: Syntax I. Einleitung. Die Flexibilien. 145 S. 1966. (924/924a)

Geschichte der griechischen Sprache. 2 Bde.
- I: Bis zum Ausgang der klassischen Zeit von O. Hoffmann und A. Debrunner. 4., neubearb. Aufl. von A. Scherer. 1968. (111/111a)
- II: Grundfragen und Grundzüge des nachklassischen Griechisch von A. Debrunner. 2. Aufl., bearb. von A. Scherer. 1968. (114/114a)

Geschichte der griechischen Literatur von W. Nestle. 2 Bde. 3. Aufl., bearb. von W. Liebich.
- I: 144 S. 1961. (70)
- II: 149 S. 1963. (557)

Grammatik der neugriechischen Volkssprache von J. Kalitsunakis. 3., wes. erw. u. verb. Aufl. 196 S. 1963. (756/756a)

Neugriechisch-deutsches Gesprächsbuch von J. Kalitsunakis. 2. Aufl., bearb. von A. Steinmetz. 99 S. 1960. (587)

Geschichte der lateinischen Sprache von F. Stolz u. A. Debrunner†. 4., stark umgearb. Aufl. von W. P. Schmid. 145 S. 1966. (492/492a)

Geschichte der römischen Literatur von L. Bieler. 2., verb. Aufl. 2 Bde.
- I: Die Literatur der Republik. 160 S. 1965. (52)
- II: Die Literatur der Kaiserzeit. 133 S. 1965. (866)

Orientalistik, Slavistik

Die Keilschrift von B. Meissner. 3. Aufl., neubearb. von K. Oberhuber. Etwa 150 S. 1967. (708/708 a/708 b)

Die Hieroglyphen von A. Erman. 3. Aufl., neu bearb. von O. Krückmann. 1968. In Vorb. (608/608 a/608 b)

Hebräische Grammatik von R. Meyer. 3 Bde.
I: Einleitung, Schrift- und Lautlehre. 3., neubearb. Aufl. 120 S. 1966. (763/763 a/763 b)
II: Formenlehre und Flexionstabellen. 3. Aufl. In Vorb. (764/764 a/764 b)
III: Satzlehre. In Vorb. (765/765 a/765 b)

Hebräisches Textbuch zu G. Beer-R. Meyer, Hebräische Grammatik von R. Meyer. 170 S. 1960. (769/769 a)

Slavische Sprachwissenschaft von H. Bräuer. 2 Bde.
I: Einleitung, Lautlehre. 221 S. 1961 (1191/1191 a)
II: Formenlehre. 1. Tl. 1968. (1192/1192 a)

Vergleichende Geschichte der slavischen Literaturen von D. Tschižewskij. 2 Bde. In Vorb.
I: Einführung. Anfänge des slavischen Schrifttums bis zum Klassizismus. (1222/1222 a)
II: Romantik bis zur Moderne. (1223/1223 a)

Russische Grammatik von E. Berneker†. 6., verb. Aufl. von M. Vasmer†. 155 S. 1961. (66)

Polnische Grammatik von N. Damerau. 139 S. 1967. (942/942 a)

Erd- und Länderkunde, Kartographie

Afrika von F. Jaeger. Ein geographischer Überblick. 2 Bde. 3. Aufl.
I: Der Lebensraum. 179 S., 18 Abb. In Vorb. (910)
II: Mensch und Kultur. 155 S., 6 Abb. In Vorb. (911)

Australien und Ozeanien von H. J. Krug. 176 S., 46 Sk. 1953. (319)

Kartographie von V. Heissler. 2. Aufl. 213 S., 125 Abb., 8 Anl. 1966. (30/30 a)

Wirtschaft, Statistik, Publizistik

Allgemeine Betriebswirtschaftslehre von K. Mellerowicz. 4 Bde. 11. u. 12. durchges. Aufl.
I: 224 S. 1964. (1008/1008 a)
II: 188 S. 1966. (1153/1153 a)
III: 260 S. 1967. (1154/1154 a)
IV: 209 S. 1963. (1186/1186 a)

Allgemeine Volkswirtschaftslehre von A. Paulsen. 4 Bde.
I: Grundlegung, Wirtschaftskreislauf. 7. Aufl. 159 S., 11 Abb. 1966. (1169)
II: Haushalte, Unternehmungen, Marktformen. 7. Aufl. 172 S., 31 Abb. 1966. (1170)

III: Produktionsfaktoren. 5., neubearb. u. erg. Aufl. 228 S., 24 Abb. 1967. (1171/1171 a)
IV: Gesamtbeschäftigung, Konjunkturen, Wachstum. 4., neubearb. u. erg. Aufl. 188 S. 1966. (1172)

Übungsaufgaben mit Lösungen zu A. Paulsen, Allgemeine Volkswirtschaftslehre I/II von W. Wedig. 177 S. 1967. (1227/1227 a)

Geschichte der Volkswirtschaftslehre von S. Wendt. 2., neubearb. Aufl. Etwa 182 S. 1968. (1194/1194 a)

Allgemeine Volkswirtschaftspolitik von H. Ohm. 2 Bde.
I: Systematisch-Theoretische Grundlegung. 2., verb. u. erg. Aufl. 137 S., 6 Abb. 1965. (1195)
II: Der volkswirtschaftliche Gesamtorganismus als Objekt der Wirtschaftspolitik. 180 S. 1967. (1196/1196 a)

Finanzwissenschaft von H. Kolms. 4 Bde.
I: Grundlegung, Öffentliche Ausgaben. 3., verb. Aufl. 165 S. 1966. (148)
II: Erwerbseinkünfte, Gebühren und Beiträge, Allgemeine Steuerlehre. 3., verb. Aufl. 154 S. 1966. (391)
III: Besondere Steuerlehre. 2., verb. u. erg. Aufl. 205 S. 1967. (776/776 a)
IV: Öffentlicher Kredit. Öffentlicher Haushalt. Finanzausgleich. 191 S. 1964. (782/782 a)

Finanzmathematik von M. Nicolas. 2., verb. Aufl. 192 S., 11 Taf., 8 Tab. u. 72 Beisp. 1967. (1183/1183 a)

Programmierung von Datenverarbeitungsanlagen von H. J. Schneider u. D. Jurksch. 111 S., 8 Tab., 11 Abb. 1967. (1225/1225 a)

Lineare Programmierung von H. Langen. Etwa 200 S. (1206/1206 a)

Buchhaltung und Bilanz von E. Kosiol. 2., überarb. u. veränd. Aufl. 186 S. 1967. (1213/1213 a)

Industrie- und Betriebssoziologie von R. Dahrendorf. 4. Aufl. 142 S., 3 Fig. 1967. (103)

Wirtschaftssoziologie von F. Fürstenberg. 122 S. 1961. (1193)

Psychologie des Berufs- und Wirtschaftslebens von W. Moede†. 190 S. 48 Abb. 1958. (851/851 a)

Einführung in die Arbeitswissenschaft von H. H. Hilf. 169 S., 57 Abb. 1964. (1212/1212 a)

Allgemeine Methodenlehre der Statistik von J. Pfanzagl. 2 Bde.
I: Elementare Methoden unter besonderer Berücksichtigung der Anwendungen in den Wirtschafts- und Sozialwissenschaften. 4., verb. Aufl. 266 S., 51 Abb. 1967. (746/746 a)
II: Höhere Methoden unter besonderer Berücksichtigung der Anwendungen in Naturwissenschaften, Medizin und Technik. 3., verb. Aufl. 315 S., 41 Abb. 1968. (747/747 a)

Zeitungslehre von E. Dovifat. 2 Bde. 5., neubearb. Aufl.
I: Theoretische und rechtliche Grundlagen — Nachricht und Meinung —Sprache und Form. 162 S. 1967 (1039/1039 a)
II: Redaktion — Die Sparten: Verlag und Vertrieb, Wirtschaft und Technik — Sicherung der öffentlichen Aufgabe. 179 S. 1967. (1040/1040 a)

Naturwissenschaften

Mathematik

Geschichte der Mathematik von J. E. Hofmann. 4 Bde.
I: Von den Anfängen bis zum Auftreten von Fermat und Descartes. 2., verb. u. verm. Aufl. 251 S. 1963. (226/226a)
II: Von Fermat und Descartes bis zur Erfindung des Calculus und bis zum Ausbau der neuen Methoden. 109 S. 1957. (875)
III: Von den Auseinandersetzungen um den Calculus bis zur französischen Revolution. 107 S. 1957. (882)
IV: Geschichte der Mathematik der neuesten Zeit von N. Stuloff. In Vorb. (883)

Mathematische Formelsammlung von F. O. Ringleb. 8., verb. Aufl. 322 S., 40 Fig. 1967. (51/51a)

Vierstellige Tafeln und Gegentafeln für logarithmisches und trigonometrisches Rechnen in zwei Farben zusammengestellt von H. Schubert und R. Haussner. 3. neubearb. Aufl. von J. Erlebach. 158 S. 1960. (81)

Fünfstellige Logarithmen mit mehreren graphischen Rechentafeln und häufig vorkommenden Zahlenwerten von A. Adler. 4. Aufl., überarb. von J. Erlebach. 127 S., 1 Taf. 1962. (423)

Arithmetik von P. B. Fischer†. 3. Aufl. von H. Rohrbach. 152 S., 19 Abb. 1958. (47)

Höhere Algebra von H. Hasse. 2 Bde. 5., neubearb. Aufl.
I: Lineare Gleichungen. 150 S. 1963. (931)
II: Gleichungen höheren Grades. 158 S., 5 Fig. 1967. (932)

Aufgabensammlung zur höheren Algebra von H. Hasse u. W. Klobe. 3., verb. Aufl. 183 S. 1961. (1082)

Elementare und klassische Algebra vom modernen Standpunkt von W. Krull. 2 Bde.
I: 3., erw. Aufl. 148 S. 1963. (930)
II: 132 S. 1959. (933)

Algebraische Kurven und Flächen von W. Burau. 2 Bde.
I: Algebraische Kurven der Ebene. 153 S., 28 Abb. 1962. (435)
II: Algebraische Flächen 3. Grades und Raumkurven 3. und 4. Grades. 162 S., 17 Abb. 1962. (436/436a)

Einführung in die Zahlentheorie von A. Scholz†. Überarb. u. hrsg. von B. Schoeneberg. 4. Aufl. 128 S. 1966. (1131)

Formale Logik von P. Lorenzen. 3., durchges. u. erw. Aufl. 184 S. 1967. (1176/1176a)

Topologie von W. Franz. 2 Bde.
I: Allgemeine Topologie. 2., verb. Aufl. 144 S., 9 Fig. 1965. (1181)
II: Algebraische Topologie. 153 S. 1965. (1182/1182a)

Elemente der Funktionentheorie von K. Knopp†. 7. Aufl. 144 S., 23 Fig. 1966. (1109)

Funktionentheorie von K. Knopp†. 2 Bde. 11. Aufl.
I: Grundlagen der allgemeinen Theorie der analytischen Funktionen. 144 S., 8 Fig. 1965. (668)
II: Anwendungen und Weiterführung der allgemeinen Theorie. 130 S., 7 Fig. 1965. (703)

Aufgabensammlung zur Funktionentheorie von K. Knopp†. 2 Bde.
I: Aufgaben zur elementaren Funktionentheorie. 7. Aufl. 135 S. 1965. (877)
II: Aufgaben zur höheren Funktionentheorie. 6. Aufl. 151 S. 1964. (878)

Differential- und Integralrechnung von M. Barner. (Früher Witting). 4 Bde.
I: Grenzwertbegriff, Differentialrechnung. 2., durchges. Aufl. 176 S., 39 Fig. 1963. (86)

Gewöhnliche Differentialgleichungen von G. Hoheisel. 7., neubearb. u. erw. Aufl. 142 S. 1965. (920/920a)

Partielle Differentialgleichungen von G. Hoheisel. 5., durchges. Aufl. Etwa 128 S. In Vorb. (1003)

Aufgabensammlung zu den gewöhnlichen und partiellen Differentialgleichungen von G. Hoheisel. 4., neubearb. Aufl. 153 S. 1964. (1059/1059a)

Integralgleichungen von G. Hoheisel. 2., neubearb. u. erw. Aufl. 112 S. 1963. (1099)

Mengenlehre von E. Kamke. 5. Aufl. 194 S., 6 Fig. 1965. (999/999a)

Gruppentheorie von L. Baumgartner. 4., erw. Aufl. 190 S., 3 Taf. 1964. (837/837a)

Ebene und sphärische Trigonometrie von G. Hessenberg†. 5. Aufl. durchges. von H. Kneser. 172 S., 60 Fig. 1957. (99)

Darstellende Geometrie von W. Haack. 3 Bde.
I: Die wichtigsten Darstellungsmethoden. Grund- und Aufriß ebenflächiger Körper 6. Aufl. 113 S., 120 Abb. 1967. (142)
II: Körper mit krummen Begrenzungsflächen. Kotierte Projektionen. 5., durchges. Aufl. 129 S., 86 Abb. 1967. (143)
III: Axonometrie und Perspektive. 3. Aufl. 129 S., 100 Abb. 1965. (144)

Analytische Geometrie von K. P. Grotemeyer. 3., neubearb. Aufl. 218 S., 73 Abb. 1964. (65/65a)

Nichteuklidische Geometrie. Hyperbolische Geometrie der Ebene von R. Baldus†. 4. Aufl., bearb. u. erg. von F. Löbell. 158 S., 75 Fig. 1964. (970/970a)

Differentialgeometrie von K. Strubecker. 3 Bde.
- I: Kurventheorie der Ebene und des Raumes. 2., erw. Aufl. 253 S., 45 Fig. 1964. (1113/1113a)
- II: Theorie der Flächenmetrik. 195 S., 14 Fig. 1958. (1179/1179a)
- III: Theorie der Flächenkrümmung. 254 S., 38 Fig. 1959. (1180/1180a)

Variationsrechnung von L. Koschmieder. 2 Bde. 2., neubearb. Aufl.
- I: Das freie und gebundene Extrem einfacher Grundintegrale. 128 S., 23 Fig. 1962. (1074)
- II: Anwendung klassischer Verfahren auf allgemeine Fragen des Extrems. — Neuere unmittelbare Verfahren. In Vorb. (1075)

Einführung in die konforme Abbildung von L. Bieberbach. 6., neubearb. Aufl. 184 S., 41 Zeichng. 1967. (768/768a)

Vektoren und Matrizen von S. Valentiner. 4. Aufl. (11., erw. Aufl der „Vektoranalysis"). Mit Anh.: Aufgaben zur Vektorrechnung von H. König. 205 S., 35 Fig. 1967. (354/354a)

Wahrscheinlichkeitstheorie und Grundzüge der Maßtheorie von H. Bauer. 2 Bde.
- I: 154 S. 1964. (1216/1216a)
- II: In Vorb. (1217)

Kinematik von H. R. Müller. 171 S., 75 Fig. 1963. (584/584a)

Versicherungsmathematik von F. Böhm. 2 Bde.
- I: Elemente der Versicherungsrechnung. 4. Aufl. In Vorb. (180)
- II: Lebensversicherungsmathematik. Einführung in die technischen Grundlagen der Sozialversicherung. 2., verb. u. verm. Aufl. 205 S. 1953. (917/917a)

Finanzmathematik von M. Nicolas, 2., verb. Aufl. 192 S., 11 Taf., 8 Tab. u. 72 Beisp. 1967. (1183/1183a)

Lineare Programmierung von H. Langen. Etwa 200 S. (1206/1206a)

Progammierung von Datenverarbeitungsanlagen von H. J. Schneider u. D. Jurksch. 111 S., 8 Tab., 11 Abb. 1967. (1225/1225a)

Physik

Einführung in die theoretische Physik von W. Döring. 5 Bde.
- I: Mechanik. 3., verb. Aufl. 125 S., 23 Abb. 1965. (76)
- II: Das elektromagnetische Feld. 3., umgearb. Aufl. Etwa 135 S., 15 Abb. 1968. (77/77a)
- III: Optik. 2., verb. Aufl. 117 S., 32 Abb. 1963. (78)
- IV: Thermodynamik. 2., verb. Aufl. 107 S., 9 Abb. 1964. (374)
- V: Statistische Mechanik. 2., umgearb. Aufl. 117 S., 10 Abb. 1966. (1017)

Mechanik deformierbarer Körper von M. Päsler. 199 S., 48 Abb. 1960. (1189/1189a)

Atomphysik von K. Bechert, Ch. Gerthsen† u. A. Flammersfeld. 4 Bde. 4., durchges. Aufl.
- I: Allgemeine Grundlagen. 1. Teil von A. Flammersfeld. Neuaufl. in Vorb. (1009)

II: Allgemeine Grundlagen. 2. Teil von A. Flammersfeld. Neuaufl. in Vorb. (1033)
III: Theorie des Atombaus. 1. Teil von K. Bechert. 148 S., 16 Abb. 1963. (1123/1123a)
IV: Theorie des Atombaus. 2. Teil von K. Bechert. 170 S., 14 Abb. 1963. (1165/1165a)

Differentialgleichungen der Physik von F. Sauter. 4., durchges. u. erg. Aufl. 147 S., 16 Fig. 1966. (1070)

Physikalische Formelsammlung von G. Mahler†. Fortgef. von K. Mahler. Neubearb. von E. Sohr. 12. Aufl. 167 S., 69 Fig. 1967. (136/136a)

Physikalische Aufgabensammlung mit Ergebnissen von G. Mahler†. Fortgef. von K. Mahler. Neubearb. von H. Graewe. 12. Aufl. 141 S. 1964. (243)

Chemie

Geschichte der Chemie in kurzgefaßter Darstellung von G. Lockemann. 2 Bde. 2. Aufl.
I: Vom Altertum bis zur Entdeckung des Sauerstoffs. 142 S., 4 Bildn. In Vorb. (264)
II: Von der Entdeckung des Sauerstoffs bis zur Gegenwart. 151 S., 16 Bildn. In Vorb. (265/265a)

Anorganische Chemie von W. Klemm. 14. Aufl. 255 S., 34 Abb. 1967. (37/37a)

Organische Chemie von W. Schlenk jun. 10., erw. Aufl. 273 S., 16 Abb. 1965. (38/38a)

Physikalische Methoden in der Organischen Chemie von G. Kresze. 2 Bde.
I: 119 S., 65 Abb. 1962. (44)
II: 164 S. 1962. (45/45a)

Allgemeine und physikalische Chemie von W. Schulze. 2 Bde.
I: 6., verb. Aufl. 139 S., 10 Fig. 1964. (71)
II: 6., erw. Aufl. Etwa 178 S. 49 Fig. 1968. (698/698a)

Molekülbau. Theoretische Grundlagen und Methoden der Strukturermittlung von W. Schulze. 123 S., 43 Fig. 1958. (786)

Einfache Versuche zur allgemeinen und physikalischen Chemie von E. Dehn. 371 Versuche m. 40 Abb. 272 S. 1962. (1201/1201a)

Physikalisch-chemische Rechenaufgaben von E. Asmus. 4., verb. Aufl. 96 S. 1967. (445)

Maßanalyse. Theorie und Praxis der klassischen und der elektrochemischen Titrierverfahren von G. Jander und K. F. Jahr. 11., durchges. Aufl., mitbearb. von H. Knoll. 359 S., 56 Fig. 1966. (221/221a)

Qualitative Analyse von H. Hofmann u. G. Jander. 3., durchges. u. verb. Aufl. 308 S., 5 Abb. 1967. (247/247a)

Stöchiometrische Aufgabensammlung von W. Bahrdt† u. R. Scheer. Mit den Ergebnissen. 9., durchges. Aufl. 119 S. 1967. (452/452a)

Elektrochemie von K. Vetter. 2 Bde.
I: In Vorb. (252)
II: In Vorb. (253)

Geochemie von K. H. Wedepohl. 221 S., 26 Abb., 37 Tab. 1967. (1224/1224a/1224b)

Kristallchemie von J. Zemann. 144 S., 90 Abb. 1966. (1220/1220a)

Technologie

Die Chemie der Kunststoffe von K. Hamann. 2., neu überarb. Aufl. unt. Mitarb. von W. Funke u. K. Nollen. 177 S. 1967. (1173/1173a)

Warenkunde von K. Hassak u. E. Beutel†. 2 Bde.
I: Anorganische Waren sowie Kohle und Erdöl. 8. Aufl. Neubearb. von A. Kutzelnigg. 119 S., 18 Fig. 1958. (222)
II: Organische Waren. 8. Aufl. Vollst. neu bearb. von A. Kutzelnigg. 157 S., 32 Fig. 1959. (223)

Die Fette und Öle von Th. Klug. 6., verb. Aufl. 143 S. 1961. (335)

Die Seifenfabrikation von K. Braun†. 3., neubearb. u. verb. Aufl. von Th. Klug 116 S., 18 Abb. 1953. (336)

Thermische Verfahrenstechnik von H. Bock. 3 Bde.
I: Eigenschaften und Verhalten der realen Stoffe. 184 S., 28 Abb. 1963. (1209/1209a)
II: Funktion und Berechnung der elementaren Geräte. 195 S., 54 Abb. 1964. (1210/1210a)
III: Fließbilder, ihre Funktion und ihr Zusammenbau aus Geräten. 224 S., 67 Abb. 1965. (1211/1211a)

Textilindustrie von A. Blümcke.
I: Spinnerei und Zwirnerei. 111 S., 43 Abb. 1954. (184)

Biologie

Einführung in die allgemeine Biologie und ihre philosophischen Grund- und Grenzfragen von M. Hartmann. 2., unveränd. Aufl. 132 S., 2 Abb. 1965. (96)

Hormone von G. Koller. 2., neubearb. u. erw. Aufl. 187 S., 60 Abb., 19 Tab. 1949. (1141)

Fortpflanzung im Tier- und Pflanzenreich von J. Hämmerling. 2., erg. Aufl. 135 S., 101 Abb. 1951. (1138)

Geschlecht und Geschlechtsbestimmung im Tier- und Pflanzenreich von M. Hartmann. 2., verb. Aufl. 116 S., 61 Abb., 7 Tab. 1951. (1127)

Symbiose der Tiere mit pflanzlichen Mikroorganismen von P. Buchner. 2., verb. u. verm. Aufl. 130 S., 121 Abb. 1949. (1128)

Grundriß der allgemeinen Mikrobiologie von W. u. A. Schwartz. 2 Bde. 2., verb. u. erg. Aufl.
I: 147 S., 25 Abb. 1960. (1155)
II: 142 S., 29 Abb. 1961. (1157)

Botanik

Entwicklungsgeschichte des Pflanzenreiches von H. Heil. 2. Aufl. 138 S., 94 Abb., 1 Tab. 1950. (1137)

Morphologie der Pflanzen von L. Geitler. 3., umgearb. Aufl. 126 S., 114 Abb. 1953. (141)

Pflanzengeographie von L. Diels†. 5., völl. neu bearb. Aufl. von F. Mattick. 195 S., 2 Ktn. 1958. (389/389a)

Die Laubhölzer. Kurzgefaßte Beschreibung der in Mitteleuropa gedeihenden Laubbäume und Sträucher von F. W. Neger† und E. Münch†. 3., durchges. Aufl., hrsg. von B. Huber. 143 S., 63 Fig., 7 Tab. 1950. (718)

Die Nadelhölzer (Koniferen) und übrigen Gymnospermen von F. W. Neger† und E. Münch†. 4. Aufl., durchges. u. erg. von B. Huber. 140 S., 75 Fig., 4 Tab., 3 Ktn. 1952. (355)

Pflanzenzüchtung von H. Kuckuck. 2 Bde.
- I: Grundzüge der Pflanzenzüchtung. 3., völl. umgearb. u. erw. Aufl. 132 S., 22 Abb. 1952. (1134)
- II: Spezielle gartenbauliche Pflanzenzüchtung (Züchtung von Gemüse, Obst und Blumen). 2. Aufl. In Vorb. (1178/1178a)

Zoologie

Entwicklungsphysiologie der Tiere von F. Seidel. 2 Bde. 2. Aufl.
- I: Ei und Furchung. Etwa 160 S., 61 Abb. (1162)
- II: Körpergrundgestalt und Organbildung. In Vorb. (1163)

Vergleichende Physiologie der Tiere von K. Herter. 2 Bde. 4. Aufl. der „Tierphysiologie".
- I: Stoff- und Energiewechsel. Neu bearb. von K. Urich. 158 S., 61 Abb. 1966. (972/972a)
- II: Bewegung und Reizerscheinungen. Neu bearb. von G. Birukow. In Vorb. (973/973a)

Das Tierreich
- I: Einzeller, Protozoen von E. Reichenow. 115 S., 59 Abb. 1956. (444)
- II: Schwämme und Hohltiere von H. J. Hannemann. 95 S., 80 Abb. 1956. (442)
- III: Würmer. Platt-, Hohl-, Schnurwürmer, Kamptozoen, Ringelwürmer, Protracheaten, Bärtierchen, Zungenwürmer von S. Jaeckel. 114 S., 36 Abb. 1955. (439)
- IV, 1: Krebse von H. E. Gruner und K. Deckert. 114 S., 43 Abb. 1956. (443)
- IV, 2: Spinnentiere (Trilobitomorphen, Fühlerlose) und Tausendfüßler von A. Kaestner. 96 S., 55 Abb. 1955. (1161)
- IV, 3: Insekten von H. von Lengerken. 2., neubearb. Aufl. 140 S., 59 Abb. 1966. (594)
- V: Weichtiere. Urmollusken, Schnecken, Muscheln und Kopffüßer von S. Jaeckel. 92 S., 34 Fig. 1954. (440)

VI: Stachelhäuter. Tentakulaten, Binnenatmer und Pfeilwürmer von S. Jaeckel. 100 S., 46 Abb. 1955. (441)
VII, 1: Manteltiere, Schädellose, Rundmäuler von H. Fechter. In Vorb. (448)
VII, 2: Fische von D. Lüdemann. 130 S., 65 Abb. 1955. (356)
VII, 3: Lurche (Chordatiere) von K. Herter. 143 S., 129 Abb. 1955. (847)
VII, 4: Kriechtiere (Chordatiere) von K. Herter. 200 S., 142 Abb. 1960. (447/447 a)
VII, 5: Vögel (Chordatiere) von H.-A. Freye. 156 S., 69 Fig. 1960. (869)
VII, 6: Säugetiere (Chordatiere) von Th. Haltenorth. In Vorb. (282/282 a)

Land- und Forstwirtschaft

Landwirtschaftliche Tierzucht. Die Züchtung und Haltung der landwirtschaftlichen Nutztiere von H. Vogel. 139 S., 11 Abb. 1952. (228)

Kulturtechnische Bodenverbesserungen von O. Fauser. 2 Bde. 5., verb. u. verm. Aufl.
I: Allgemeines, Entwässerung. 127 S., 49 Abb. 1959. (691)
II: Bewässerung, Ödlandkultur, Flurbereinigung. 159 S., 71 Abb. 1961. (692)

Agrikulturchemie von K. Scharrer. 2 Bde.
I: Pflanzenernährung. 143 S. 1953. (329)
II: Futtermittelkunde. 192 S. 1956. (330/330 a)

Geologie, Mineralogie, Kristallographie

Geologie von F. Lotze. 3., verb. Aufl. 179 S., 80 Abb. 1965. (13/13 a)

Mineral- und Erzlagerstättenkunde von H. Huttenlocher†. 2 Bde. 2., neubearb. Aufl. von P. Ramdohr.
I: 137 S., 40 Abb., 2 Tab. 1965. (1014/1014 a)
II: 135 S., 41 Abb. 1965. (1015/1015 a)

Allgemeine Mineralogie. 12., erw. Aufl. der „Mineralogie" von R. Brauns† neubearb. von K. F. Chudoba. 152 S., 143 Textfig., 1 Taf., 3 Tab. 1968. (29/29 a)

Spezielle Mineralogie. 11., erw. Aufl. der „Mineralogie" von R. Brauns†, bearb. von K. F. Chudoba. 193 S., 127 Textfig., 6 Tab. 1964. (31/31 a)

Petrographie (Gesteinskunde) von W. Bruhns†. Neubearb. von P. Ramdohr. 6., erw. Aufl. 141 S., 21 Fig. 1966. (173)

Geochemie von K. H. Wedepohl. 221 S., 26 Abb., 37 Tab. 1967. (1224/1224 a/1224 b)

Kristallchemie von J. Zemann. 144 S., 90 Abb. 1966. (1220/1220 a)

Kristallographie von W. Bruhns†. 6. Aufl., neubearb. von P. Ramdohr. 115 S., 164 Abb. 1965. (210)

Einführung in die Kristalloptik von E. Buchwald. 5., verb. Aufl. 128 S., 117 Fig. 1963 (619/619 a)

Lötrohrprobierkunde. Mineraldiagnose mit Lötrohr und Tüpfelreaktion von M. Henglein. 4., durchges. u. erw. Aufl. 108 S., 12 Fig. 1962. (483)

Technik

Graphische Darstellung in Wissenschaft und Technik von M. Pirani. 3., erw. Aufl. bearb. von J. Fischer unt. Benutzg. der von I. Runge bes. 2. Aufl. 216 S., 104 Abb. 1957. (728/728a)

Technische Tabellen und Formeln von W. Müller. 5., verb. u. erw. Aufl. von E. Schulze. 165 S., 114 Abb., 99 Taf. 1962. (579)

Einführung in die Arbeitswissenschaft von H. H. Hilf. 164 S., 57 Abb. 1964. (1212/1212a)

Grundlagen der Straßenverkehrstechnik. Theorie der Leistungsfähigkeit von E. Engel. 101 S., 55 Abb. 1962. (1198)

Elektrotechnik

Grundlagen der allgemeinen Elektrotechnik von O. Mohr. 3. Aufl. 260 S., 136 Bild., 14 Taf. 1965. (196/196a)

Die Gleichstrommaschine von K. Humburg. 2 Bde. 3. Aufl.
I: Etwa 102 S., 59 Abb. In Vorb. (257)
II: Etwa 101 S., 38 Abb. In Vorb. (881)

Die Synchronmaschine von W. Putz. 92 S., 64 Bild. 1962. (1146)

Induktionsmaschinen von F. Unger. 3. Aufl. In Vorb. (1140)

Die komplexe Berechnung von Wechselstromschaltungen von H. H. Meinke. 3., neubearb. Aufl. 185 S., 126 Abb. 1965. (1156/1156a)

Theoretische Grundlagen zur Berechnung der Schaltgeräte von F. Kesselring. 4. Aufl. 1968. (711/711a/711b)

Einführung in die Technik selbsttätiger Regelungen von W. zur Megede. 3., überarb. u. erw. Aufl. Etwa 180 S., 86 Abb. 1968. In Vorb. (714/714a)

Elektromotorische Antriebe von W. Meyer. 223 S., 113 Abb. 1967. (827/827a/827b)

Überspannungen und Überspannungsschutz von G. Frühauf. Durchges. Neudr. 122 S., 98 Abb. 1950. (1132)

Elektrische Höchstspannungs-Schaltanlagen. Für Freiluft und Innenanordnung von G. Meiners u. K.-H. Wiesenewsky. 138 S., 58 Abb. 1964. (796/796a)

Transformatoren von W. Schäfer. 5., überarb. u. erg. Aufl. 130 S., 73 Abb. 1967. (952/952a)

Maschinenbau

Thermische Verfahrenstechnik von H. Bock. 3 Bde.
- I: Eigenschaften und Verhalten der realen Stoffe. 184 S., 28 Abb. 1963. (1209/1209a)
- II: Funktion und Berechnung der elementaren Geräte. 195 S., 54 Abb. 1964. (1210/1210a)
- III: Fließbilder, ihre Funktion und ihr Zusammenbau aus Geräten. 224 S., 67 Abb. 1965. (1211/1211a)

Technische Thermodynamik von U. Grigull. 171 S., 74 Abb. 1966. (1084/1084a)

Metallkunde von H. Borchers. 3 Bde.
- I: Aufbau der Metalle und Legierungen. 6. Aufl. 120 S., 90 Abb., 2 Tab. 1964. (432)
- II: Eigenschaften, Grundzüge der Form- und Zustandsgebung. 5., erg. u. durchges. Aufl. 182 S., 107 Abb., 10 Tab. 1963. (433/433a)
- III: Die metallkundlichen Untersuchungsmethoden von E. Hanke. In Vorb. (434)

Die Werkstoffe des Maschinenbaues von A. Thum† und C. M. v. Meysenbug. 2 Bde.
- I: Einführung in die Werkstoffprüfung. 3. Aufl. In Vorb. (476)
- II: Die Konstruktionswerkstoffe. 132 S., 40 Abb. 1959. (936)

Dynamik von W. Müller. 2 Bde. 2., verb. Aufl.
- I: Dynamik des Einzelkörpers. 128 S., 48 Fig. 1952. (902)
- II: Systeme von starren Körpern. 102 S., 41 Fig. 1952. (903)

Technische Schwingungslehre von L. Zipperer. 2 Bde. 2., neubearb. Aufl.
- I: Allgemeine Schwingungsgleichungen, einfache Schwinger. 120 S., 101 Abb. 1953. (953)
- II: Torsionsschwingungen in Maschinenanlagen. 102 S., 59 Abb. 1955. (961/961a)

Werkzeugmaschinen für Metallbearbeitung von K. P. Matthes. 2 Bde.
- I: 100 S., 27 Abb., 11 Zahlentaf., 1 Tafelanh. 1954. (561)
- II: Fertigungstechnische Grundlagen der neuzeitlichen Metallbearbeitung. 101 S., 30 Abb., 5 Taf. 1955. (562)

Das Maschinenzeichnen mit Einführung in das Konstruieren von W. Tochtermann. 2 Bde. 4. Aufl.
- I: Das Maschinenzeichnen. 156 S., 75 Taf. 1950 (589)
- II: Ausgeführte Konstruktionsbeispiele. 130 S., 58 Taf. 1950. (590)

Die Maschinenelemente von E. A. vom Ende†. 4., überarb. Aufl. 184 S., 179 Fig., 11 Taf. 1963. (3/3a)

Die Maschinen der Eisenhüttenwerke von L. Engel. 156 S., 95 Abb. 1957. (583/583a)

Walzwerke von H. Sedlaczek†. 3., neubearb. Aufl. In Vorb. (580/580a)

Getriebelehre von P. Grodzinski†. 2 Bde. 3., neubearb. Aufl. von G. Lechner.
- I: Geometrische Grundlagen. 164 S., 131 Fig. 1960. (1061)
- II: Angewandte Getriebelehre. In Vorb. (1062)

Kinematik von H. R. Müller. 171 S., 75 Fig. 1963. (584/584a)

Gießereitechnik von H. Jungbluth. 2 Bde.
I. Eisengießerei. 126 S., 44 Abb. 1951. (1159)

Die Dampfkessel einschließlich Feuerungen und Hilfseinrichtungen. Physikalische und chemische Grundlagen, Berechnung und Konstruktion, Vorschriften und Beispiele von W. Marcard. 3., neubearb. Aufl. von G. Beyer 2 Bde.
I: Physikalische und chemische Grundlagen, Wärmelehre, Wärmeübertragung, Verbrennung. 133 S., 35 Bild., 26 Tab. 1964. (9/9a)
II: Berechnung und Konstruktion. Dampfkessel, Hilfseinrichtungen. Feuerungen, Berechnung. 108 S., 45 Bild. 1966. (521/521a)

Die Dampfturbinen. Ihre Wirkungsweise, Berechnung und Konstruktion von C. Zietemann. 3 Bde.
I: Theorie der Dampfturbinen. 4. Aufl. 139 S., 48 Abb. In Vorb. (274)
II: Die Berechnung der Dampfturbinen und die Konstruktion der Einzelteile. 4., verb. Aufl. 132 S. 111 Abb. In Vorb. (715)
III: Die Regelung der Dampfturbinen, die Bauarten, Turbinen für Sonderzwecke, Kondensationsanlagen. 3., verb. Aufl. 126 S., 90 Abb. 1956. (716)

Verbrennungsmotoren von W. Endres. 3 Bde.
I: Überblick. Motor-Brennstoffe, Verbrennung im Motor allgemein, im Otto- und Diesel-Motor. 2. Aufl. In Vorb. (1076/1076a)
II: Gaswechselvorgang. Aufladen, Leistung, mittl. Druck. Reibung, Wirkungsgrade und Kraftstoffverbrauch. 152 S., 62 Abb. 1966. (1184/1184a)
III: Die Einzelteile des Verbrennungsmotors. In Vorb. (1185/1185a)

Autogenes Schweißen und Schneiden von H. Niese. 5. Aufl., neubearb. von A. Küchler. 136 S., 71 Fig. 1953. (499)

Die elektrischen Schweißverfahren von H. Niese. 2. Aufl., neubearb. von H. Dienst. 136 S., 58 Abb. 1955. (1020)

Die Hebezeuge. Entwurf von Winden und Kranen von G. Tafel. 2., verb. Aufl. 176 S., 230 Fig. 1954. (414/414a)

Vermessungswesen

Vermessungskunde von W. Großmann. 3 Bde.
I: Stückvermessung und Nivellieren. 12., verb. Aufl. 156 S., 122 Fig. 1955., (468)
II: Horizontalaufnahmen und ebene Rechnungen. 10., verb. Aufl. 149 S., 101 Fig. 1967. (469/469a)
III: Trigonometrische und barometrische Höhenmessung. Tachymetrie und Absteckungen. 8., verb. Aufl. 140 S., 102 Fig. 1965. (862)

Kartographie von V. Heissler. 2. Aufl. 213 S., 125 Abb., 8 Anl. 1966. (30/30a)

Photogrammetrie von G. Lehmann. 2., neubearb. Aufl. 205 S., 136 Abb. 1966. (1188/1188a)

Wasserbau

Wasserkraftanlagen von A. Ludin unt. Mitarb. von W. Borkenstein. 2 Bde.
I: Planung, Grundlagen und Grundzüge. 124 S., 60 Abb. 1955. (665)
II: Anordnung und Ausbildung der Hauptbauwerke. 184 S., 91 Abb. 1958. (666/666 a)

Verkehrswasserbau von H. Dehnert. 3 Bde.
I: Entwurfsgrundlagen, Flußregelungen 103 S., 53 Abb. 1950. (585)
II: Flußkanalisierung und Schiffahrtskanäle. 94 S., 60 Abb. 1950. (597)
III: Schleusen und Hebewerke. 98 S., 70 Abb. 1950 (1152)

Wehr- und Stauanlagen von H. Dehnert. 134 S., 90 Abb. 1952. (965)

Talsperren von F. Tölke. 122 S., 70 Abb. 1953. (1044)

Hoch- und Tiefbau

Die wichtigsten Baustoffe des Hoch- und Tiefbaus von O. Graf†. 4., verb. Aufl. 131 S., 63 Abb. 1953. (984)

Baustoffverarbeitung und Baustellenprüfung des Betons von A. Kleinlogel. 2., neubearb. u. erw. Aufl. 126 S., 35 Abb. 1951. (978)

Festigkeitslehre. 2 Bde.
I: Elastizität, Plastizität und Festigkeit der Baustoffe und Bauteile von W. Gehler† u. W. Herberg. Durchges. u. erw. Neudr. 159 S., 118 Abb. 1952. (1144)
II: Formänderung, Platten, Stabilität und Bruchhypothesen von W. Herberg und N. Dimitrov. 187 S., 94 Abb. 1955. (1145/1145 a)

Grundlagen des Stahlbetonbaues von A. Troche. 2., neubearb. u. erw. Aufl. 208 S., 75 Abb., 17 Bemessungstaf., 20 Rechenbeisp. 1953. (1078)

Statik der Baukonstruktionen von A. Teichmann 3 Bde.
I: Grundlagen. 101 S., 51 Abb., 8 Formeltaf. 1956. (119)
II: Statisch bestimmte Stabwerke. 107 S., 52 Abb., 7 Taf. 1957 (120)
III: Statisch unbestimmte Systeme. 112 S., 34 Abb., 7 Formeltaf. 1958. (122)

Fenster, Türen, Tore aus Holz und Metall. Eine Anleitung zu ihrer guten Gestaltung, wirtschaftlichen Bemessung und handwerksgerechten Konstruktion von W. Wickop†. 5. Aufl. In Vorb. (1092)

Heizung und Lüftung von W. Körting. 2 Bde., neubearb. Aufl.
I: Das Wesen und die Berechnung der Heizungs- und Lüftungsanlagen. 171 S., 29 Abb., 36 Zahlentaf. 1962. (342/342a)
II: Die Ausführung der Heizungs- und Lüftungsanlagen. In Vorb. (343)

Industrielle Kraft- und Wärmewirtschaft von F. A. F. Schmidt u. A. Beckers. 167 S., 73 Abb. 1957. (318/318 a)

Sammlung Göschen / Bandnummernfolge

1 Langosch, Der Nibelunge Nôt
3/3a v. Ende, Maschinenelemente
9/9a Marcard-Beyer, Dampfkessel I
10 Jiriczek-Wisniewski, Kudrun und Dietrich-Epen
13/13a Lotze, Geologie
18 Maurer, Hartmann von Aue, Der arme Heinrich
19 Altheim, Römische Geschichte I
20 Hofstaetter, Dt. Sprachlehre
22 Maurer, Gottfried von Strassburg
29/29a Brauns-Chudoba, Allgemeine Mineralogie
30/30a Heissler, Kartographie
31/31a Brauns-Chudoba, Spezielle Mineralogie
32 Schneider-Wisniewski, Deutsche Heldensage
35 Treue, Dt. Geschichte von 1648 bis 1740
37/37a Klemm, Anorgan. Chemie
38/38a Schlenk, Organische Chemie
39 Treue, Dt. Geschichte von 1713 bis 1806
42 Behn-Hoernes, Vorgeschichte Europas
44 Kresze, Physikal. Meth. in der Organ. Chemie I
45/45a Kresze, Physikal. Meth. in der Organ. Chemie II
47 Fischer-Rohrbach, Arithmetik
51/51a Ringleb, Mathem. Formelsammlung
52 Bieler, Röm. Literaturgesch. I
59 Krahe, Indogerm. Sprachwiss. I
60 Biehle, Stimmkunde
61 Biehle, Redetechnik
64 Krahe, Indogerm. Sprachwiss. II
65/65a Grotemeyer, Analyt. Geometrie
66 Berneker-Vasmer, Russische Grammatik
70 Nestle-Liebich, Gesch. d. griechischen Literatur I
71 Schulze, Allgemeine und physikalische Chemie I
76 Döring, Einf. i. d. th. Physik I
77/77a Döring, Einf. i. d. th. Physik II
78 Döring, Einf. i. d. th. Physik III
79/79a Hempel, Got. Elementarbuch
80 Weigert, Stilkunde I
81 Schubert-Haussner-Erlebach, Vierstell. Logarithmentafeln
86 Barner, Differential- u. Integralrechnung I
96 Hartmann, Einf. in die allgem. Biologie
99 Hessenberg-Kneser, Ebene und sphär. Trigonometrie
101/101a Wiese, Soziologie
103 Dahrendorf, Industrie- und Betriebssoziologie
104/104a Hofstätter, Sozialpsychologie
111/111a Hoffmann-Debrunner-Scherer, Gesch. d. griechischen Sprache I
114/114a Debrunner-Scherer, Gesch. der griechischen Sprache II
117 Brandenstein, Griechische Sprachwissenschaft I
118/118a Brandenstein, Griechische Sprachwissenschaft II
119 Teichmann, Statik der Baukonstruktionen I
120 Teichmann, Statik der Baukonstruktionen II
122 Teichmann, Statik der Baukonstruktionen III

128/128a Lausberg, Romanische Sprachwissenschaft I
136/136a Mahler-Sohr, Physikal. Formelsammlung
141 Geitler, Morphologie der Pflanzen
142 Haack, Darst. Geometrie I
143 Haack, Darst. Geometrie II
144 Haack, Darst. Geometrie III
145/145a Weimer, Gesch. der Pädagogik
148 Kolms, Finanzwissenschaft I
156/156a Landmann, Philosophische Anthropologie
170 Oehlmann, Musik des 19. Jhs.
171/171a Oehlmann, Musik des 20. Jhs.
173 Bruhns-Ramdohr, Petrographie
174 Schlingloff, Religion des Buddhismus I
180 Böhm, Versicherungsmathem. I
184 Blümcke, Textilindustrie I
196/196a Mohr, Grundlagen der allgem. Elektrotechnik
200/200a Gottschald, Dt. Rechtschreibungswörterbuch
210 Bruhns-Ramdohr, Kristallographie
220/220a Moser, Allg. Musiklehre
221/221a Jander-Jahr-Knoll, Maßanalyse
222 Hassak-Beutel-Kutzelnigg, Warenkunde I
223 Hassak-Beutel-Kutzelnigg, Warenkunde II
226/226a Hofmann, Gesch. der Mathematik I
223 Vogel, Landw. Tierzucht
231/231a Ehrlich, Geschichte Israels
233 Krahe, German. Sprachwiss. I
243 Mahler-Graewe, Physikal. Aufgabensammlung
247/247a Hofmann-Jander, Qualitative Analyse
250 Lausberg, Romanische Sprachwissenschaft II
252 Vetter, Elektrochemie I
253 Vetter, Elektrochemie II
257 Humburg, Gleichstrommaschine I
264 Lockemann, Gesch. der Chemie I
265/265a Lockemann, Geschichte der Chemie II
270/270a Kirn-Leuschner, Einführung in die Geschichtswissenschaft
274 Zietemann, Dampfturbinen I
279 Jacob-Hohenleutner, Quellenkunde der deutschen Geschichte I
280 Jacob-Hohenleutner, Quellenkunde der deutschen Geschichte II
281 Leisegang, Einführung in die Philosophie
282/282a Haltenorth, Säugetiere
284 Jacob-Weden, Quellenkunde der deutschen Geschichte III
318/318a Schmidt-Beckers, Industrielle Kraft- u. Wärmewirtschaft
319 Krug, Australien und Ozeanien
329 Scharrer, Agrikulturchemie I
330/330a Scharrer, Agrikulturchemie II
335 Klug, Fette und Öle
336 Braun-Klug, Seifenfabrikation
342/342a Körting, Heizung und Lüftung I
343 Körting, Heizung und Lüftung II
344 Moser, Musikästhetik
354/354a Valentiner-König, Vektoren und Matrizen
355 Neger-Münch-Huber, Nadelhölzer
356 Lüdemann, Fische
374 Döring, Einf. i. d. th. Physik IV
375/375a Preller, Geschichte Englands I
389/389a Diels-Mattick, Pflanzengeographie
391 Kolms, Finanzwissenschaft II
394/394a Schilling, Von der Renaissance bis Kant
414/414a Tafel, Hebezeuge
422 Gottschald, Dt. Personennamen
423 Adler-Erlebach, Fünfstellige Logarithmen
432 Borchers, Metallkunde I
433/433a Borchers, Metallkunde II
434 Borchers-Hanke, Metallkunde III
435 Burau, Algebr. Kurven und Flächen I
436/436a Burau, Algebr. Kurven und Flächen II
439 Jaeckel, Würmer
440 Jaeckel, Weichtiere
441 Jaeckel, Stachelhäuter

442 Hannemann, Schwämme und Hohltiere
443 Gruner-Deckert, Krebse
444 Reichenow, Einzeller
445 Asmus, Physikal.-chem. Rechenaufgaben
447/447 a Herter, Kriechtiere
448 Fechter, Manteltiere
452/452 a Bahrdt-Scheer, Stöchiometr. Aufgabenslg.
468 Großmann, Vermessungskunde I
469/469 a Großmann, Vermessungskunde II
476 Thum-Meysenbug, Werkstoffe des Maschinenbaues I
483 Henglein, Lötrohrprobierkunde
492/492 a Stolz-Debrunner-Schmid, Geschichte der lateinischen Sprache
499 Niese-Küchler, Autogenes Schweißen
500 Simmel, Hauptprobleme der Philosophie
521/521 a Marcard-Beyer, Dampfkessel II
536 Lehmann, Kant
538 Rumpf, Archäologie I
539 Rumpf, Archäologie II
540 Rumpf, Archäologie III
557 Nestle-Liebich, Gesch. der griech. Literatur II
561 Matthes, Werkzeugmaschinen I
562 Matthes, Werkzeugmaschinen II
564 Behn-Hoernes, Kultur der Urzeit I
565 Behn-Hoernes, Kultur d. Urzeit II
566 Behn-Hoernes, Kultur d. Urzeit III
571 Lehmann, Philosophie des 19. Jahrhunderts I
576/576 a Moser, Gesangskunst
579 Müller-Schulze, Techn. Tabellen
580/580 a Sedlaczek, Walzwerke
583/583 a Engel, Maschinen der Eisenhüttenwerke
584/584 a Müller, Kinematik
585 Dehnert, Verkehrswasserbau I
587 Kalitsunakis-Steinmetz, Neugriech.-dt. Gesprächsbuch
589 Tochtermann, Maschinenzeichnen I
590 Tochtermann, Maschinenzeichnen II
594 Lengerken, Insekten
597 Dehnert, Verkehrswasserbau II
601 Mutschmann-Scherer, Engl. Phonetik
608/608 a/608 b Erman-Krückmann, Hieroglyphen
619/619 a Buchwald, Kristalloptik
665 Ludin-Borkenstein, Wasserkraftanlagen I
666/666 a Ludin-Borkenstein, Wasserkraftanlagen II
668 Knopp, Funktionentheorie I
677 Altheim, Röm. Geschichte II
679 Altheim, Röm. Geschichte III
684 Altheim, Röm. Geschichte IV
691 Fauser, Kulturtechn. Bodenverbesserungen I
692 Fauser, Kulturtechn. Bodenverbesserungen II
698/698 a Schulze, Allgemeine u. physikalische Chemie II
703 Knopp, Funktionentheorie II
708/708 a/708 b Meissner-Oberhuber, Keilschrift
709 Lehmann, Philosophie des 19. Jahrhunderts II
711/711 a/711 b Kesselring, Berechnung der Schaltgeräte
714/714 a zur Megede, Technik selbsttätiger Regelungen
715 Zietemann, Dampfturbinen II
716 Zietemann, Dampfturbinen III
718 Neger-Münch-Huber, Laubhölzer
728/728 a Pirani-Fischer-Runge, Graph. Darstellung in Wissenschaft u. Technik
735 Ekwall, Historische neuengl. Laut- und Formenlehre
746/746 a Pfanzagl, Allg. Methodenlehre der Statistik I
747/747 a Pfanzagl, Allg. Methodenlehre der Statistik II
756/756 a Kalitsunakis, Gramm. d. Neugriech. Volksspr.
763/763 a/763 b Meyer, Hebräische Grammatik I
764/764 a/764 b Meyer, Hebräische Grammatik II
765/765 a/765 b Meyer, Hebräische Grammatik III
768/768 a Bieberbach, Einführung in die konforme Abbildung

769/769a Beer-Meyer, Hebräisches Textbuch
770 Schlingloff, Religion des Buddhismus II
776/776a Kolms, Finanzwissenschaft III
780 Krahe, German. Sprachwiss. II
781 Weigert, Stilkunde II
782/782a Kolms, Finanzwissenschaft IV
786 Schulze, Molekülbau
796/796a Meiners-Wiesenewsky, Elektr. Höchstspannungs-Schaltanlagen
809 Moser, Harmonielehre I
810 Moser, Harmonielehre II
826 Koch, Philosophie d. Mittelalters
827/827a/827b Meyer, Elektromotorische Antriebe
831 Erismann, Allg. Psychologie I
832/832a Erismann, Allg. Psychologie II
833 Erismann, Allg. Psychologie III
834/834a Erismann, Allg. Psychologie IV
837/837a Baumgartner, Gruppentheorie
845 Lehmann, Philosophie im ersten Drittel des 20. Jhs. I
847 Herter, Lurche
850 Lehmann, Philosophie im ersten Drittel des 20. Jhs. II
851/851a Moede, Psychologie des Berufs- und Wirtschaftslebens
857 Capelle, Griech. Philosophie I
858 Capelle, Griech. Philos. II
859 Capelle, Griech. Philos. III
862 Großmann, Vermessungskunde III
863 Capelle, Griech. Philos. IV
866 Bieler, Röm. Literaturgeschichte II
869 Freye, Vögel
875 Hofmann, Geschichte der Mathematik II
877 Knopp, Aufgabensammlung zur Funktionentheorie I
878 Knopp, Aufgabensammlung zur Funktionentheorie II
881 Humburg, Gleichstrommaschine II
882 Hofmann, Geschichte der Mathematik III
883 Stuloff, Mathematik der neuesten Zeit
893 Treue, Dt. Geschichte von 1806 bis 1890
894 Treue, Dt. Geschichte von 1890 bis zur Gegenwart
896/896a Pokorny, Altirische Gramm.
902 Müller, Dynamik I
903 Müller, Dynamik II
910 Jaeger, Afrika I
911 Jaeger, Afrika II
915 Sperber-Polenz, Gesch. der Deutschen Sprache
917/917a Böhm, Versicherungsmathematik II
920/920a Hoheisel, Gewöhnliche Differentialgleichungen
921 Jantzen-Kolb, W. v. Eschenbach, Parzival
924/924a Brandenstein, Griechische Sprachwissenschaft III
929 Schirmer-Mitzka, Dt. Wortkunde
930 Krull, Elementare und klassische Algebra I
931 Hasse, Höhere Algebra I
932 Hasse, Höhere Algebra II
933 Krull, Elementare und klassische Algebra II
936 Thum-Meysenbug, Werkstoffe d. Maschinenbaues II
942/942a Damerau, Polnische Grammatik
952/952a Schäfer, Transformatoren
953 Zipperer, Techn. Schwingungslehre I
961/961a Zipperer, Techn. Schwingungslehre II
965 Dehnert, Wehr- und Stauanlagen
970/970a Baldus-Löbell, Nichteuklidische Geometrie
972/972a Herter-Urich, Vergleichende Physiologie der Tiere I
973/973a Herter-Birukow, Vergleichende Physiologie der Tiere II
978 Kleinlogel, Baustoffverarbeitung und Baustellenprüfung d. Betons
984 Graf, Baustoffe des Hoch- und Tiefbaus
999/999a Kamke, Mengenlehre
1000 Jaspers, Geistige Situat. der Zeit

1003 Hoheisel, Partielle Differentialgleichungen
1008/1008a Mellerowicz, Allgem. Betriebswirtschaftslehre I
1009 Bechert-Gerthsen-Flammersfeld, Atomphysik I
1014/1014a Huttenlocher-Ramdohr, Mineral- und Erzlagerstättenkunde I
1015/1015a Huttenlocher-Ramdohr, Mineral- und Erzlagerstättenkunde II
1017 Döring, Einf. i. d. th. Physik V
1020 Niese-Dienst, Elektrische Schweißverfahren
1031/1031a Apel-Ludz, Philosophisches Wörterbuch
1033 Bechert-Gerthsen-Flammersfeld, Atomphysik II
1034 Kranefeldt-Jung, Therapeutische Psychologie
1035 Altheim, Röm. Religionsgeschichte I
1039/1039a Dovifat, Zeitungslehre I
1040/1040a Dovifat Zeitungslehre II
1044 Tölke, Talsperren
1045 Schubert, Technik des Klavierspiels
1051/1051a Stolberg-Wernigerode, Gesch. d. Vereinigten Staaten
1052 Altheim, Röm. Religionsgeschichte II
1059/1059a Hoheisel, Aufgabenslg. z. d. gew. u. part. Differentialgleichungen
1061 Grodzinski-Lechner, Getriebelehre I
1062 Grodzinski-Lechner, Getriebelehre II
1065 Haller-Dannenbauer, Von d. Karolingern zu den Staufern
1070 Sauter, Differentialgleichungen der Physik
1074 Koschmieder, Variationsrechnung I
1075 Koschmieder, Variationsrechnung II
1076/1076a Endres, Verbrennungsmotoren I
1077 Haller-Dannenbauer, Von den Staufern zu den Habsburgern
1078 Troche, Stahlbetonbau
1082 Hasse-Klobe, Aufgabensammlung zur höheren Algebra
1084/1084a Grigull, Techn. Thermodynamik
1085 Lietzmann-Aland, Zeitrechnung
1086 Müller, Dt. Dichten und Denken
1088 Preller, Gesch. Englands II
1092 Wickop, Fenster, Türen, Tore
1094 Hernried, System, Modulation
1096 Viëtor, Dt. Dichten und Denken
1099 Hoheisel, Integralgleichungen
1105 Hartung, Dt. Geschichte im Zeitalter der Reformation
1108 de Boor-Wisniewski, Mittelhochdeutsche Grammatik
1109 Knopp, Elemente der Funktionentheorie
1111/1111a Naumann-Betz, Althochdt. Elementarbuch
1113/1113a Strubecker, Differentialgeometrie I
1114/1114a Schubel, Engl. Literaturgeschichte I
1115/1115a/1115b Ranke-Hofmann, Altnord Elementarbuch
1116 Schubel, Engl. Literaturgeschichte II
1117 Haller-Dannenbauer, Eintritt der Germanen in die Geschichte
1121 Naumann, Dt. Dichten u. Denken
1122 Jesch, Sprecherziehung
1123/1123a Bechert-Gerthsen-Flammersfeld, Atomphysik III
1124 Schubel, Engl. Literaturgeschichte III
1125 Lehnert, Altengl. Elementarbuch
1127 Hartmann, Geschlecht u. Geschlechtsbestimmung im Tier- und Pflanzenreich
1128 Buchner. Symbiose d. Tiere
1130 Dibelius-Kümmel, Jesus
1131 Scholz-Schoeneberg, Einführung in die Zahlentheorie
1132 Frühauf, Überspannungen
1134 Kuckuck, Pflanzenzüchtung I
1135 Lehnert, Beowulf
1137 Heil, Entwicklungsgesch. Pflanzenreiches
1138 Hämmerling, Fortpflanzung im Tier- und Pflanzenreich
1140 Unger, Induktionsmaschinen
1141 Koller, Hormone

1142 Meissner-Lehnert, Shakespeare
1144 Gehler-Herberg, Festigkeitslehre I
1145/1145 a Herberg-Dimitrov, Festigkeitslehre II
1146 Putz, Synchronmaschine
1147 Waltershausen, Kunst d. Dirigierens
1148 Pepping, Der polyphone Satz I
1152 Dehnert, Verkehrswasserbau III
1153/1153 a Mellerowicz, Allgem. Betriebswirtschaftslehre II
1154/1154 a Mellerowicz, Allgem. Betriebswirtschaftslehre III
1155 Schwartz, Mikrobiologie I
1156/1156 a Meinke, Komplexe Berechnungen v. Wechselstromschaltungen
1157 Schwartz, Mikrobiologie II
1158/1158 a Mayrhofer, Sanskrit-Grammatik
1159 Jungbluth, Gießereitechnik I
1160 Dibelius-Kümmel, Paulus
1161 Kaestner, Spinnentiere
1162 Seidel Entwicklungsphysiologie der Tiere I
1163 Seidel, Entwicklungsphysiologie der Tiere II
1164/1164 a Pepping, Der polyphone Satz II
1165/1165 a Bechert-Gerthsen-Flammersfeld, Atomphysik IV
Paulsen, Allgemeine Volkswirtschaftslehre I
1170 Paulsen, Allgemeine Volkswirtschaftslehre II
1171/1171 a Paulsen, Allgemeine Volkswirtschaftslehre III
1172 Paulsen, Allgemeine Volkswirtschaftslehre IV
1173/1173 a Hamann-Funke-Nollen, Chemie der Kunststoffe
1176/1176 a Lorenzen, Form. Logik
1177/1177 a Redeker, Schleiermacher
1178/1178 a Kuckuck, Pflanzenzüchtung II
1179/1179 a Strubecker, Differentialgeometrie II
1180/1180 a Strubecker, Differentialgeometrie III
1181 Franz, Topologie I
1182/1182 a Franz, Topologie II
1183/1183 a Nicolas, Finanzmathematik
1184/1184 a Endres, Verbrennungsmotoren II
1185/1185 a Endres, Verbrennungsmotoren III
1186/1186 a Mellerowicz, Allgem. Betriebswirtschaftslehre IV
1187 Lau, Luther
1183/1188 a Lehmann, Photogrammetrie
1189/1189 a Päsler, Mechanik
1190 Stupperich, Melanchthon
1191/1191 a Bräuer, Slav. Sprachwissenschaft I
1192/1192 a Bräuer, Slav. Sprachwissenschaft II
1193 Fürstenberg, Wirtschaftssoziologie
1194/1194 a Wendt, Gesch. d. Volkswirtschaftslehre
1195 Ohm, Allgem. Volkswirtschaftspolitik I
1196/1196 a Ohm, Allgem. Volkswirtschaftspolitik II
1197/1197 a Onasch, Konfessionskunde der orthod. Kirchen
1198 Engel, Straßenverkehrstechnik
1199 Lausberg, Romanische Sprachwissenschaft III, 1. Teil
1200/1200 a Lausberg, Romanische Sprachwissenschaft III, 2. Teil
1201/1201 a Dehn, Versuche zur allgem. u. phys. Chemie
1202/1202 a Nagel, Gesch. des christl. Gottesdienstes
1203 Wendland, Sozialethik
1204 Scheurig, Zeitgeschichte
1205/1205 a Hofmann, Ideengeschichte d. soz. Bewegung
1206/1206 a Langen, Lineare Programmierung
1208 Lausberg, Romanische Sprachwissenschaft IV
1209/1209 a Bock, Therm. Verfahrenstechnik I
1210/1210 a Bock, Therm. Verfahrenstechnik II
1211/1211 a Bock, Therm. Verfahrenstechnik III
1212/1212 a Hilf, Arbeitswissenschaft
1213/1213 a Kosiol, Buchhaltung und Bilanz

Autorenregister

FSC
www.fsc.org
MIX
Papier | Fördert
gute Waldnutzung
FSC® C083411

Kolibri 360 GmbH
Ferdinand-Jühlke-Straße 7
99095 Erfurt, Deutschland
produktsicherheit@kolibri360.de